Heinrich Rickert

KULTURWISSENSCHAFT UND NATURWISSENSCHAFT

Vierte und Fünfte, Verbesserte Auflage.

Tübingen

Verlag von J. C. B. Mohr(Paul Siebeck)

1921

根据图宾根摩尔出版社第四和第五修订版(1921)译出

汉译世界学术名著丛书
（120 年纪念版·珍藏本）
增订本出版说明

2017 年 10 月，为纪念商务印书馆创立 120 周年，本馆推出“汉译世界学术名著丛书”（120 年纪念版·珍藏本），计七百种。近五六年来，仰赖学界同人倾力支持，订正旧译，增补新译，拓展新著，积累日多。为满足读者需要，本馆在七百种的基础上，继续推出“汉译世界学术名著丛书”（120 年纪念版·珍藏本·增订本）三百种。至此，“汉译世界学术名著丛书”累计出版已达千种。

今后，本馆将继续推进丛书的翻译出版工作，在积累单本名著的基础上陆续分辑刊行，汇印出版。为促进中外文明互鉴、推动我国学术发展，使“汉译世界学术名著丛书”这项对我国学术文化有基本建设意义的重大工程发挥更大作用，诚望海内外学术界、翻译界继续给予支持，帮助我们把这套丛书出得更好。

商务印书馆编辑部

2024 年 2 月

汉译世界学术名著丛书
（120年纪念版·珍藏本）
出 版 说 明

2017年2月11日，商务印书馆迎来120岁的生日。120年前，商务印书馆前贤怀揣文化救国的理想，抱持“昌明教育，开启民智”的使命，立足本土，放眼寰宇，以出版为津梁，沟通中西，为中国、为世界提供最富智慧的思想文化成果。无论世事白云苍狗，潮流左右激荡，甚至战火硝烟弥漫，始终践行学术报国之志，无改初心。

迻译世界各国学术名著，即其一端。早在20世纪初年便出版《原富》《天演论》等影响至今的代表性著作，1950年代后更致力于外国哲学和社会科学经典的译介，及至1980年代，辑为“汉译世界学术名著丛书”，汇涓为流，蔚为大观。丛书自1981年开始出版，历时三十余年，迄今已推出七百种，是我国现代出版史上规模最大、最为重要的学术翻译工程。

丛书所选之书，立场观点不囿于一派，学科领域不限于一门，皆为文明开启以来，各时代、各国家、各民族的思想与文化精粹，代表着人类已经到达过的精神境界。丛书系统译介世界学术经典，引领时代思想，为本土原创学术的发展提供丰富的文化滋养，为推动中国现代学术和现代化进程做出了突出的贡献。

为纪念商务印书馆成立 120 周年，我们整体推出“汉译世界学术名著丛书”120 年纪念版的珍藏本，寄望既利于文化积累，又便于研读查考，同时向长期支持丛书出版的译者、编者和读者致以敬意。

两甲子后的今天，商务印书馆又站在了一个新的历史时间节点上。我们不仅要铭记先辈的身影和足迹，更须让我们的步伐充满新的时代精神。这是商务人代代相传的事业，更是与国家和民族的命运始终紧密相连的事业。我们责无旁贷，必须做好我们这代人的传承与创造，让我们的努力和成果不仅凝聚成民族文化的记忆，还能成为后来人可以接续的事业。唯此，才能不负前贤，无愧来者。

商务印书馆编辑部

2017 年 10 月

目　录

前 言

下面的内容，不久前我在本地“文化科学协会”的首届会议上宣读过，而且，绝大部分内容在出版时未做任何改动。为了不使我的阐述过于冗长，我在那里必须有所压缩。现在，我要把这部分内容补充进去。此外，那次报告之后的讨论给了我一些提示。在审阅清样的过程中，我有幸采纳了这些提示，以便把我的观点解释清楚。我要特别感谢我尊敬的同事阿尔弗雷德·道夫[①]和约翰内斯·冯·克里斯[②]，他们提出的反对意见对我颇有教益。

尽管这里并没有包含很多我在拙著《自然科学概念建构的界限》的第一和第二部分（目前尚未付印）未曾更为详细地加以说明和更为深入地加以论证的东西，我还是要出版这些在特殊的场合所做的阐述，因为我希望：从事专门研究的人士或许也会注意到这个尽可能简单的报告，他们没有时间或兴趣仔细研究大量的逻辑

① 阿尔弗雷德·道夫（Alfred Dove，1844—1916）：德国历史学家，著有《弗里德里希大帝和约瑟夫二世的时代》等。——译者

② 约翰内斯·冯·克里斯（Johannes von Kries，1853—1928）：德国生理心理学家，著有《普遍感觉生理学》、《伊曼努尔·康德和他对当代自然科学的意义》等。——译者

学著作。但是我也要强调,这里呈现的仅仅是一个"报告",其中的有些内容我必须限于简要的说明,而不做系统的展开。在一些注释中,我提到了我的一些更为详尽的阐述。

海因里希·李凯尔特

1898 年 11 月中旬于弗莱堡

第二版前言

下面这本书的基本思想，我曾经在本地“文化科学协会”的首届会议（1898 年）上宣读过，之后又以报告的形式出版了。很长一段时间以来，这本小书就已经脱销了。我曾经怀疑是否应当让它再版，因为自从我那本《自然科学概念建构的界限》（1896—1902）的著作问世以来，这本书的最初形式已经不能再令我满意了。至关重要的一点，即价值对于文化科学所具有的意义，在报告中强调得还不够明确。此外，围绕着这里所谈论的问题展开了热烈的讨论，其中一部分是在我的方法论著作之后出现的。所以，在出版一个新的版本时，不应对这一讨论置之不理。

现在，我以改写过的并且大大扩充了的形态再一次把这本书呈现在读者面前，虽然它现在也没有包含很多我在另一个地方未曾更为详细地加以说明和更为深入地加以论证的东西。希望新的形式更适合于达到我在初版中想要达到的那个目的。本书会特别有助于那些从事专门研究的人士：他们觉得有必要对自己活动的本质有所了解，然而又没有兴趣或者时间去钻研大量的逻辑学著作。这本小书也许可以用作我那本《自然科学概念建构的界限》的著作的导论。当然，它不能提供比一个初级的导论更多的东西。它应当恰恰表明：科学分类的问题是多么错综复杂，那些看起来简便易行的流行图式对于处理这样的问题是多么无能为力。本书旨在借此激发人们对这个领域进行更为深入的研究。

毫无疑问，我认真地关注过近十年来大量涌现的方法论方面的文献，但我只能明确提及其中的一小部分。人们不应由此得出这样的结论：我没有对于人们针对我的阐述所做的大量深入批判表示感谢。仅仅为了纪念一些晚近的出版物，我也非常愿意对狄尔泰[1]、闵斯特伯格[2]、拉瓦(Ravà)和色诺波[3]等人的最新著作明确地进行深入探讨。但本书的目的是尽可能简单地仅仅呈现出主要的事情，因而不允许我进行这种论争性的阐述。在我那篇“论历史哲学”一文(发表于库诺·费舍[4]纪念文集《20 世纪初的哲学》，1905 年初版，1907 年第 2 版)的后面，附有一份截至 1907 年的最重要文献的目录。

在此，我要履行一个令人愉快的义务，即向我的非常尊敬的出版商保尔·西贝克博士先生表示最诚挚的谢意，感谢他在本书重新排版期间所给予的热情协助。

海因里希·李凯尔特

1910 年 3 月于弗莱堡

---

① 狄尔泰(Wilhelm Dilthey，1833—1911)：德国哲学家，生命哲学代表人物，著有《精神科学导论》《精神科学中历史世界的建构》等。——译者

② 闵斯特伯格(Hugo Münsterberg，1863—1916)：德裔美国心理学家，应用心理学的开拓者之一，著有《意志活动》《心理学与生活》等。——译者

③ 色诺波(A. D. Xénopol，1847—1920)：罗马尼亚历史学家、哲学家和社会学家。——译者

④ 库诺·费舍(Kuno Fischer，1824—1907)：德国哲学家、哲学史家，著有《近代哲学史》《康德生平及其学说的基础》等。——译者

第四版和第五版前言

和 1915 年出版的第三版一样，本书的新版经过了仔细校订，并做了若干增补。不过，在内容和篇幅方面则基本上维持原貌。如果要继续保持这本小书的导论性质，这样做是必要的。鉴于几年来这本书又一次脱销了，所以，我似乎可以认为，对于我在别处详尽阐发过的思想所做的这种简短而概括的表述，仍有其存在的权利。这一次，我也必须放弃与我的批评者进行深入的辩论。如果这样做看起来对这个问题有所帮助的话，我希望能够在我的《自然科学概念建构的界限》一书的第三版中补做这个工作。如果有人希望得到对我的思想所做的更为详尽的论证，特别是如果有人想对这些思想采取批判的态度，那么，我必须引导他去读那本内容更为丰富的著作。当下这个短小的文本无论如何没有包含作者所主张的全部重要观点。

因为在此只能提到我的反对者的很少一部分论点，所以，就像在第三版前言中提到应该感谢的理查德·霍尼西瓦尔德[1]的著作一样，这一次我想特别提一提仅仅在本书注释中被简短引用过的

① 霍尼西瓦尔德(Richard Hoenigswald，1875—1947)：德国哲学家，新康德主义者。——译者

赫尔曼·保罗[①]、恩斯特·特洛尔奇[②]和维克多·冯·魏茨泽克[③]等人的著作,他们都对我的方法论观点发表过看法。尽管大部分哲学家都反对我的观点,但在我看来相互理解的可能性又进了一步。所以,我有理由表达这样的希望:在经过二十多年的持续讨论之后,我的那些迄今主要是在专门研究者圈子得到赞同的观点,也将逐渐得到哲学家们的赞同。

海因里希·李凯尔特

1920年10月于海德堡

① 赫尔曼·保罗(Hermann Paul,1846—1921):德国语言学家和词典编纂学家,新语法学派的重要代表,著有《语言史原理》(1880)等。——译者

② 特洛尔奇(Ernst Troeltsch,1865—1923):德国神学家、历史学家。——译者

③ 魏茨泽克(Viktor von Weizsäcker,1886—1957):德国生理学家。——译者

第六版和第七版前言

和1915年出版的第三版、1921年出版的第四和第五版一样，本书的新版经过了仔细校订，并做了若干增补。不过，在内容和篇幅方面则基本上维持原貌。如果要继续保持这本小书——现在已经有俄语、西班牙语和日语译本——的导论性质，这样做应当是必要的。鉴于几年来本书的最后一版又一次脱销了，所以，我似乎可以认为，对于我在别处详尽阐发过的思想所做的这种简短而概括的表述，仍有其存在的权利。

由于在第二版前言中所给出的理由，这一次我也必须放弃在本书中与我的批评者进行深入的辩论。如果这样做看起来对这个问题有所帮助的话，我会在我的《自然科学概念建构的界限》一书(1921)的第三版和第四版中探讨这些批评意见。如果有人希望得到对我的思想所做的更为详尽的论证，特别是如果有人想对这些思想采取批判的态度，那么，我必须引导他去读这本内容更为丰富的著作。当下这个短小的文本无论如何没有包含作者所主张的全部重要观点。

由于我尽量避免在本书中做论争性的补充，所以，我想至少在前言中做些评论，以期防止我一再遭受的各种误解。

我不得不经常阅读这样的文字：按照我的观点，自然科学只与规律打交道，相反，历史科学则只涉及纯然一次性的东西，就是说，只涉及最没有规律的东西。我从未有过这样的主张。这种误解可能不是由我的著作引起的，而是由文德尔班那篇著名的关于“历史学与自然科学”的校长演讲[①](1894)引起的。在那篇演讲中，文德尔班把“制定规律的”自然科学方法与“描述特征的”历史学方法加以对照。我从未毫无保留地使用过这些术语，因为事实上这些术语可能产生一种假象，仿佛这里谈论的是科学中的两军对垒，一边处理纯然的普遍之物，另一边则涉及纯然的特殊之物。毋宁说，我谈论的是一种一般化的方法和一种个别化的方法，而且我总是强调指出，这里涉及的不是一种绝对的对立，而是一种相对的区别。1899年，在本书的开头我就已经写道：我在书中要阐述的只不过是两个极端，几乎所有的科学工作都处于两个极端之间。谁要是不注意这一点，谁就永远也无法理解我的观点。

在拙著《自然科学概念建构的界限》中，我详尽地阐述了自然科学和历史学二者间逻辑区分的必然的相对性，在不同的章节中，我分别讨论了“自然科学中的历史学成分”和“历史科学中的自然科学成分”。因此，所有的反对意见——这些意见说，自然科学也考虑个别的东西，相反，历史科学也建构普遍概念——都不是对我的理论的反驳。如果有人说是我以武断的方式“分裂”了科学的“统一性”，这种说法是非常不公平的。相反，恰恰是我表明了：尽管从逻辑上说科学的概念建构有各种极为不同的趋势，但诸多特殊学科为什么能够在方法论上形成一个有机的统一整体；为什么

① 指文德尔班1894年就任斯特拉斯堡大学校长时发表的演讲。——译者

只有这种方法才有可能既公平地对待科学生活的多样性，又不致由此造成这种生活的“分裂”，将之瓦解为一个个孤立的部分。

当然，科学的“统一性”绝不应当是它的所有成员的整齐划一。因为正如世界是形形色色的，科学也必须为自己确立形形色色的目标，并且为了实现这些目标发展出形形色色的方法，只有这样科学才能够涵盖这个世界的所有部分。如果理解得不错的话，那么，在方法论中统一性和多样性绝不是相互排斥的对立面。毋宁说，科学最理想的统一性将是这样的统一性：诸多形形色色的成员联结为一个统一的“有机体”。这也是本书的意图所在，而且，人们必须从这种观点出发理解本书。此外，特别是最近一个时期以来，我一再听到这样的反对意见：我的知识论只不过是“形式的”，所以，即使我所说的话不错，由于我的形式主义，这些话也不能令人满意。我必须承认，我不太理解这种疑虑的意义。在某种意义上，任何一种普遍的方法论都必须成为“形式的”，因为它与个别学科的特殊内容无关。它最多只能把这样的内容作为说明性的例证加以考虑。与此相反，如果有人说，我的方法是片面的形式的，因为它只考虑纯然的逻辑区分，比如普遍之物与特殊之物之间的区分，因而忽略了各门科学的质料的特征，所以，对于现实和内容的关系没有取得任何洞见，那么，恰恰是这本小书——它甚至把质料的区分放在前面——应该表明：在我这里根本不可能存在这种形式主义。我在这里并不特别把重点放在一般化方法与个别化方法的区分上。事实上，在说明历史学的性质的过程中，人们——比如叔本华——经常强调这种区分。毋宁说，我试图表明的是：如果科学要在各方面都公平地对待自己的内容的话，鉴于文化生活内容上的

特殊性，为什么必须不仅用一般化的方法，而且必须用个别化的亦即历史学的方法描述这种生活。每一种文化都体现价值，这种情况对于澄清这个问题至关重要。由此就产生了这样的洞见：个别化的方法必然与价值联系的方法相关。只要还没有理解这种——不再是纯然逻辑意义上的形式的——关联，人们就会与我原本要表达的核心内容失之交臂。不过，我没有必要在前言中对此做进一步说明，因为我已经在文本中对我的学说的这个方面做了足够深入的讨论。我只是想在一开始就提请人们注意这一点，以免遭片面的形式主义的指责。

接下来，我还要对一些问题发表一番评论，这些问题在本书中只是被非常简要地论述过，而在我的《自然科学概念建构的界限》一书中则得到了详尽的讨论。特别是，在《自然科学概念建构的界限》的最后一版，我对"非实在的感性构成物与历史理解"那一章进行了增补（第三和第四版，第 404—465 页），从而对我的思想做了补充或——如果人们愿意的话，也可以说——扩充；在我的《历史哲学问题》第三版（1924）中也表达了这种补充；但在这里我只能用寥寥数语（尤其参见第 19 页以后）提一下这方面内容。不过，但愿已经说过的这些话足以表明：我的历史文化科学理论，不仅为从"理解"和可理解的"意义"概念出发去规定"精神科学"方法的努力留有余地，而且至少在关键之点上，实际上导致了人们近来再一次用"自然"和"精神"的旧名称加以标明的那种区分。不过这样一来，就不应当把自然仅仅理解为物体世界，也不应当把精神仅仅理解为个体的心灵生活。毋宁说，精神意指一种原则上不同于，甚至在很大程度上独立于一切纯然心理存在的构成物，类似于黑格尔用与“主观精神”相对的“客观精神”这个今天又一次被接受的术语所命名的东西。如此一来，人们就可以把纯然的且是“非精神的”心灵生活算作自然。

如果这个严格区分了精神和心灵的术语得到贯彻的话，那么，“精神科学”这个表达方式——它先是在穆勒[1]那里（moral science），继而在狄尔泰那里具有了一种完全不同的心理学意义[2]——就是没有问题的。这样一来，下面这些科学的对象就是“精神”：它们不限于作为一切自然过程和心理过程总和的感觉世界，而是聚焦世界上“重要的”的或有“意义”的东西，这些东西既不能通过“外部的”也不能通过“内部的”感性知觉加以把握，只能通过非感性的方式加以“理解”。如果人们把这个（既不是物体的又不是心灵的）可理解的世界——以前被叫作理智的世界——叫作与一切纯然心灵之物相对的“精神”，那么，这样的做法是无可非议的。语词之争是没有必要的。这样一来，人们应该首选精神科学还是文化科学的问题，就不再具有原则性意义了，因为根据这个设想，使文化区别于全部自然的就不是其心理的内容，而是其客观“精神的”内容，就是说，是下面这些东西的总和：它们不能以感性的方式被知觉，而只能以非感性的方式被理解，而且，它们为生活

① 约翰·穆勒（John Stuart Mill，1806—1873）：英国哲学家、心理学家和经济学家，著有《逻辑体系》《政治经济学原理》《论自由》等。——译者

② 在黑格尔主义者中间，已经出现“Wissenschaft des Geistes”和“Geistwissenschaft”这样的概念，但在他们那里，“Geistwissenschaft”意指“精神哲学”（Philosophie des Geistes），而这样的科学只能有一门。“精神科学”一词在德国的流行，始于1849年穆勒《逻辑体系》德译本的问世。在这本书中，穆勒的“moral science”被译作“精神科学”（Geisteswissenschaft）。但真正赋予“精神科学”一词深刻内涵的是狄尔泰，他因此被称为“精神科学的哲学家”。——译者

赋予了意义和重要性。

然而,目前在使用“精神”这个词的时候,人们通常首先想到的还是心灵存在。只要人们这样做,精神科学这个术语就只能引起模糊和混乱。因为问题的关键不是:一类科学探究物体,另一类科学探究心灵。毋宁说,方法论应当注意的是:一类学科涉及与价值和意义无关的自然,并把自然纳入普遍概念;相反,另一类学科则描述有意义的、与价值相关的文化,因而不满足于自然科学的一般化方法。后一类学科需要一种个别化的研究,以便公平地对待其对象的实际特点和特殊性,因为这些对象不仅仅是普遍概念的纯然样本。与精神科学这个意义含混的、不知所云的词相比,历史文化科学这个名称对上述情况的表达要好得多。因此,我还看不到任何理由放弃在我这本书的书名中使用的“文化科学”这个术语。

当然,比所有术语都更为重要的是将要在这里讨论的一个事情。关于这个事情,我可以高兴地说:自从我的方法论著作的早期版本问世以来,各种对立观点之间相互交流和沟通的前景从本质上看变得更好了。现在,下面这种否定性的看法越来越得到人们的认可:“自然的”与“心理的”之间的区分,不像人们以前普遍认为的那样具有一种重要的方法论意义。此外,人们不仅承认一般化方法和个别化方法间纯然逻辑的或形式的区分是必然的,而且逐渐认识到,诸专门科学方法间最大的实质性的、内容上的区分与下述事实有关:一类科学遇到的是与价值和意义无关的研究对象,另一类科学碰到的则是有价值、有意义的研究对象,或者至少是与价值相关的研究对象。于是出现了这样一种认识:一旦涉及有价值的实在，自然科学方法——即使我们在最宽泛的意义上使用这个词——就不够用了。

一代人以前，当我发表我那本《自然科学概念建构的界限》的第一部分的时候，我的观点——即价值问题在方法论中也是决定性的——还被普遍认为是奇谈怪论，人们甚至说我有一种“自相矛盾的狂热”。随着岁月的流逝，情况发生了根本的改观。现在，对很多人来说，文化科学的价值基础已经差不多是“不言而喻的”事情了。这里不宜探讨晚近的方法论文献以证明上面的说法。但是，我要在这里至少提到两位作者，因为在本书中没有机会顾及到他们的著作。他们的观点显然接近于本书所支持的观点，这一点对我来说愈加意味深长，因为他们都是从狄尔泰出发，并且一直受到狄尔泰的强烈影响，而我虽然非常钦佩这位伟大的历史学家，但感觉在体系方面始终是与他相对立的。作为创始人，狄尔泰的影响很少有人能够企及。关于方法论可以从狄尔泰的著作中学习什么，在其刚刚出版的《狄尔泰的理解概念》一书的第二个大大扩充了的版本中，阿图尔·施泰因[1]做了特别中肯和有启发的陈述。可以肯定：狄尔泰在历史的“重新体验”（Nacherleben）和“设身处地”（Einfuehlen）方面的才能（有意在这里避免使用“理解”一词）是杰出的，而且在他的时代也许是无与伦比的。相比之下，严格的概念思维能力却没有在同样的程度上分配给这个重要人物。因此，人们必须逐渐超越他的概念表达方式，而这恰恰是由最初离他

① 阿图尔·施泰因（Arthur Stein，1871—1950）：奥地利历史学家，著有《尼采与科学》《狄尔泰的理解概念》等。——译者

最近的这些人完成的。

在这些人中间，应当首先提到的就是斯普朗格[①]。他对精神的东西和心灵的东西做了严格区分，并且明确表明：排除了对心灵之物进行自然科学研究的可能性的那种“统一性”，并不是纯然的心灵之物本身所固有的；毋宁说，在它与不只是心理之物的某物的关系中，我们所理解的那种独特关联才进入了心灵之物。此外，在这个他称之为“精神”的可理解之物中，斯普朗格还清楚地识别出了价值因素，并且极力强调这种因素的意义。他的著作《生命形式》(1921)实际上是一种价值哲学。因此，这样的学说——而不是一种关于单纯心理存在的学说——必须被认为是“精神科学”的“基础”。尽管在术语方面存在很多差别，这种观点在原则上非常接近于本书所支持的观点。令我高兴的是，在其《生命形式》第三版前言中，斯普朗格也强调指出了这种实质上的相似性。

其次要提到的是罗特哈克[②]在最近出版的一本著作中提出的心理学，这是一本内容丰富和富有启发意义的著作，书名是《精神科学的逻辑和体系》。可以说，从某些方面看，罗特哈克比斯普朗格更接近本书的观点。当然，对于罗特哈克本人所说的“相对主义”，我不能苟同。他断言：全部三个世界观类型——这是接着狄

① 斯普朗格(Eduard Spranger，1882—1963)：德国哲学家、教育家和心理学家，狄尔泰的学生。著有《生命形式》、《青年心理学》等。——译者

② 埃利希·罗特哈克(Erich Rothacker，1888—1965)：德国哲学家，哲学人类学的倡导者。著有《精神科学引论》《精神科学的逻辑和体系》《文化人类学的问题》等。——译者

尔泰讲的[①]——是同样合理的,或者是同样“可能的”。我认为这个断言是错误的。根据纯粹的科学理由就可以表明“自然主义”是站不住脚的,因为毫无疑问存在着一些非感性的构成物,而它们是不能被理解为自然的。但是,对于方法论来说,特别是对于特殊科学的结构来说,这些问题不是决定性的。重要的是:他不仅想“大多全盘接受”我所提出的形式的-逻辑的手段,拒绝精神科学的心理学基础,而且明确承认:价值设定是各门非自然科学学科的基础。所以,虽然在细节方面有所不同,但我们的目标是一致的。为了这个目标,我几十年来一直在与心理主义作斗争。

面对这些表态,与本书前面几个版本的前言相比,我在这里更有理由表达这样的愿望:在经过四分之一世纪的持续讨论之后,我的那些迄今主要是在专门研究者圈子——特别是在历史科学支持者的圈子——得到赞同的观点,也将逐渐得到哲学家们的赞同。

海因里希·李凯尔特

1926 年 10 月于海德堡

① 狄尔泰认为,一部哲学史就是各种哲学世界观的斗争史,这种情况造成了哲学中怀疑主义盛行。为了克服怀疑主义,就必须从总体上考察各种世界观的优劣得失,破除任何一种世界观的中心地位,这正是狄尔泰的“世界观类型学”要做的工作。根据世界观中认识、情感和意志的不同地位,他把哲学史上的各种世界观纳入三个大的基本类型:自然主义、客观唯心主义和自由唯心主义。——译者

一 任务

目前，无论在专门研究领域，还是在哲学领域，人们业已达成如下共识：各门特殊科学都可以归结为两大类；与物理学家和化学家、解剖学家和生理学家、生物学家和地质学家一样，神学家和法学家、历史学家和文献学家也通过共同的兴趣而相互联系在一起。但是，自然科学家们对于应当怎样称呼把他们联系在一起的那条纽带从未表示过怀疑，而在另一类科学那里，至少在专门研究者看来，一个用以代表共同活动的名称还没有顺利诞生。由于缺乏一个普遍通行和认可的名称，就会导致这样一个问题：是不是与此相应也缺乏一个清楚而明确的概念。所以，我在接下来的论述中为自己提出了这样的目标，即阐发这样一个概念，它能够规定非自然科学的诸经验学科的共同兴趣、任务和方法，并且能够与自然研究者的共同兴趣、任务和方法划清界限。我认为文化科学一词最能表示这个概念，所以，我们要为自己提出这样的问题：什么是文化科学？它与自然科学的关系如何？

然而，在对这个问题做出回答之前，必须首先谈一下这样一种尝试本身可能具有怎样的意义。这种尝试涉及的是逻辑学的一部分，更准确地说，是知识论或方法论的一部分，因而我们不关心各种不同的自然科学和文化科学学科的特殊内容。这样的特殊内容可能只与从事专门研究的人有关。哲学不能把提供零零碎碎“已知的浅薄知识”看作自己的任务，然而就目前而言，这样的知识想必仍然是哲学在材料丰富的情况下所能达到的最好的东西。专门的研究者也许有理由把科学中借以发现材料的过程看作科学进步的主要事情，然而，这样的过程却根本不是我们首先要关注的东西。因为所有那些能够只是以某种方式促进发现新事实的手段和方法，在每一门科学中都是同样有效的，因此，人们不应当期望把研究和探索的这种多样性纳入能够显露两类科学工作之间基本对立的公式之中。所以，凡只能被视为搜集材料的工作，均与本研究无关。毋宁说，只有在为了对其进行科学描述之故而对材料加以整理和加工的时候，以及在这一过程结束的时候，我们所关注的那种区分才会变得清晰起来。但是，专门的研究者却很少注意这部分科学活动，因为它大多是以某种“自明的方式”发生的。如果说对这部分活动做出解释构成了哲学的固有任务，那么，哲学的中心就不在经验研究的注意力通常所关注的问题上。

然而，无论是在加工的过程中，还是在加工结束以后，逻辑学都并不是十分关注这样一种分析性描述，即紧紧抓住个别科学方法的全部细微差别和变化、全部中间形式和过渡不放，因为正如我所认为的那样，这个任务最好也交给各个不同的专门领域里精通这些问题的专家。毋宁说，如果知识论研究应当具有任何独立的意义的话，它就只能从思想的普遍区别出发，以便把由此获得的概念逐渐运用于特殊的东西。在这里，当务之急就是要确定这个出发点，即明确专门科学描述的两种基本形式。

换句话说，我将主要限于对两个极端加以阐述，在某种意义上，几乎所有的经验科学都处于这两个极端之间。而且，为了对这些区别做出解释，我必须在概念上把那些实际上彼此密切联系着的东西分开，并且至少首先使两类科学之间的许多错综复杂的关系退居次要地位，或者只有在下述情况下才会考虑这些关系，即从它们之中可能引出对于划分这两种基本形式的反对意见。对于那些懂得珍视各个不同工作领域间多方面相互关系的价值的经验研究者来说，这种索性存心拆除它们之间的所有桥梁的尝试，看上去可能是片面的或者是十分粗暴的。但是，如果要在丰富多彩、多种多样的科学生活中划出界限，逻辑学没有其它的办法。因此，以下的研究成果充其量可以比作地理学家为了给我们的地球定向而设想出来的那些线，任何地方也没有一个现实与这些线完全一致，区别仅仅在于：专门研究的理智球（globus intellectualis）不是一个可以说从自身产生出两极和赤道的球体，相反，要想确定其上的两极和赤道，需要进行一番特殊的研究。[①]

这样一种纲要性的定向尝试所具有的理论价值，是不需要任

① 虽然这些论点在本书的第一版中就已经存在了，但我的尝试的意义却一再遭到误解，仿佛我主张把专门科学分为两大类，它们在形式和内容方面实际上是完全分散的或者事实上应当始终是分离的。这根本不是我要表达的观点，因此，对于这样一种知识论所做的任何反驳都没有击中我。在这方面，威尔布兰特（R. Wilbrandt，1875—1954，德国经济学家。——译者）在“从‘文化科学’的观点看国民经济学的改革：一种反批评”一文［Die Reform der Nationaloekonomie vom Standpunkt der „Kulturwissenschaften“. Eine Antikritik，《宏观政治科学杂志》（Zeitschrift fuer die gesamte Staatswissenschaften），1917 年，第 345 页以后］中的论述颇为典型。这篇（不是完全客观的）论文针对我所提出的那些客观的反对意见，是空洞无物的。如果说我把经济生活算作文化，并且认为也应当对它做历史的探讨，但我决没有主张“国民经济学”仅仅是或者仅仅应当成为历史文化科学。逻辑学无权对此做出裁决。逻辑学要做的不是“改革”而是理解专门研究的工作。

何理由的。至于专门科学可能从它获得的益处有多大，我不打算做进一步的研究。不过，依我之见，从它们的利益着眼，这样的尝试看起来也并非是完全多余的。这种尝试对于各门文化科学可能特别有用，因为目前不但文化科学与自然科学的宝贵关系常常得到维护，而且两个领域之间的界限也常常以不被允许的方式被逾越。

出现这种情况的原因是显而易见的。目前，从事自然科学研究的人，不仅在大多数情况下为他们的专门工作找到了一个普遍通用的名称，而且在一个划分为若干部分的整体中、在一个由或多或少被严格分开的任务构成的有机体系中找到了一个稳固的位置。与此相反，各门经验的文化科学必须首先去寻找这样一个稳固的体系，而且，这些科学是如此缺乏自信，以致它们甚至必须常常反对把自然科学方法宣告为唯一合理的方法。特别是，如果逻辑学努力使自己摆脱来自自然科学的片面影响，难道它不应当在这场斗争中成为一件有用的武器吗？

当然，没有人会做出这样的断言：目前每一个自然科学家都对其活动的逻辑本质有一种清楚的认识，并因此不同于和优越于文化科学的辩护者。但是，由于他常常不自觉地进入其中的历史状况之故，自然科学家处于一种极为幸运的境况，所以，在转向我自己的主题之前，我想对造成上述状况的原因做出简要说明。

二　历史状况

回顾一下近几个世纪的科学史，我们就会看到，在为自然研究奠定哲学基础方面已经做了大量工作，而且，这些工作一部分是由特殊科学的研究者自己做的，一部分则是由哲学完成的。在开普勒、伽利略和牛顿那里，经验研究是与明确地了解自己活动的本质的努力携手并进的，而且，这种努力取得了圆满的成功。自然科学时代——我当然是指17世纪——的哲学几乎不能与自然科学相分离。哲学同样卓有成效地致力于——人们只需回忆一下笛卡尔或莱布尼茨就可以了——对自然科学的方法做出说明。最后，在18世纪末期前后，近代世界最伟大的思想家已经确定了对于方法论具有决定性意义的自然概念——自然是物的存在(Dasein)，"就存在是指按照普遍规律所规定的东西而言"[①]——，继而借此最终确定了最普遍的自然科学的概念。[②]

毫无疑问，通过"就它是所规定的东西而言"，康德即使不是在

① 见康德：《未来形而上学导论》，第14节。——译者

② 人们在方法论中仍然会坚持这种形式上的规定，即使人们像冯·魏茨泽克[《批评的和思辨的自然概念》(Kritischer und spekulativer Naturbegriff)，载《逻各斯》，第6卷，1916年，第186页]那样认为：康德主义在从内容上规划自然概念时太过拘泥于数学自然科学的理想，这些理想在18世纪的科学整体中曾经具有核心的意义，但在19世纪其地位已经发生根本性改变。

个别科学中，也是在哲学中打破了自然概念的专制统治。就是说，他也在理论上把自然科学“世界观”——假如把这种世界观运用于启蒙时代的历史文化生活，它必定在实践上遭受失败——从一种自以为绝对合理的地位降低到一种相对合理的地位，从而把自然科学方法限制在特殊研究领域。但是，通过这种限制，自然概念只能在界限上变得更加明确，并且更加清晰可见。这一点已经在如此高的程度上得到了实现，以致即使某种落后的哲学试图重新把这个概念带回到专制统治的地位，在研究自然的专门科学中也不可能由此产生太多的损害。对于这些科学来说，自然概念在本质上始终没有发生任何改变。这种眼界的收窄——即重新把陈旧的形而上学的自然主义置于认识论观点的位置——所造成的损失，充其量使一些自然科学家在面对最普遍的理论——例如原子论或唯能论——的某些困难时显得软弱无力。确实不能令人满意的是，仍然有这样一些从事自然研究的人，当有人说不仅仅是他们在推动科学的发展时，他们似乎就觉得受到了侮辱。此外，甚至一种并非完全合理的对于自然科学思想唯一合法性的信念，就有助于自然科学的专门研究意识到自己的崇高价值，从而产生工作的乐趣与热情。

因此，在回顾这段过去时，我们现在可以大声对自然科学家说：你是一个晚辈，因而你是有福之人。只要涉及最普遍的基本概念，晚辈总是靠其祖先积攒的资本的利息为生的。随着时间的推移，足够多的精神财富变得如此“不言而喻”，以致人们不再需要关心它们的来源以及它们由之产生的那种关联。人们能够不劳而获。如果我们撇开生物学研究的一个部分——在这个部分中，由于对原本纯然的历史发展原则所具有的自然科学价值不够明确，已经产生若干混乱；而且在这个部分中，与有机体概念密切相关的目的论思想仍然通往十分可疑的形而上学-目的论解释——不论，那么，自然科学就拥有一个稳固的传统。它们首先有一个共同的目标，每个特殊的分支都为达到这一目标做出自己的一份贡献，这就使这些分支获得了统一性和关联性。因此，即使完全撇开它们——作为它们的老祖宗的可敬的晚辈——特别是近来在普遍物质理论方面所取得的那些令人赞叹的进展不谈，自然科学也是作为一个整体出现的，并因这种整体性给人们留下了深刻印象。

没有人会宣称类似的情况也适用于文化科学。它们要年轻得多，因此也幼稚得多。19 世纪才给它们带来了蓬勃的发展。在一些特殊的领域内，虽然它们也以极大的确定性运转着，但它们通常要把这归功于下面的情形：它们能够以这个或那个天才的、具有示范意义的研究者为楷模。对于方法论研究的兴趣，在近代自然科学的创立者那里带来了如此丰硕的成果，而在文化科学的创立者那里却收效甚微。或者，人们至少发现，对于自己活动的本质所做的更为深入的研究仅仅是零星的，并且局限于若干特殊的领域，例如，赫尔曼·保罗对于语言学[①]，卡尔·门格尔对于国民经济学[②]，

① 赫尔曼·保罗：《语言史原理》(Prinzipien der Sprachgeschichte)，1880 年版，1898 年第三版。另见《日耳曼语文学方法论》(Methodenlehre der germanischen Philologie)，此为赫尔曼·保罗《日耳曼语文学概论》第二版的抽印本(1897)(Sonderabdruck aus der 2. Aufl. von Pauls Grundriss)，以及《历史学的任务与方法》(Aufgabe und Methode der Geschichtswissenschaften)，1920 年版。

② 卡尔·门格尔(Carl Menger，奥地利经济学家，现代边际效用理论的创始者之一。——译者)：《关于社会科学方法的研究》，1883 年版。

以及近来马克斯·韦伯对于国民经济学[①]所做的富有教益的研究。正是在这些领域，逻辑上彼此极不相容的工作方法，却在科学实践上最为紧密地彼此相连，所以，逻辑问题必然会直接浮现出来，这一点绝非偶然。迄今为止，经验的文化科学无论如何还没有获得近似于自然科学那样广泛的哲学基础。

诚然，一种在与经验文化科学的关联中进行工作、受到这些科学的鼓励并且能够反作用于这些科学的哲学，在过去也已露出了显著的端倪。康德首先是通过破坏自然主义世界观，而不是通过为自然科学奠定认识论基础而发生影响的。由康德发起的反自然主义的努力部分地表现出了片面性，他的一些追随者恰恰对他们的导师曾经为之奠定了坚固基础的自然科学及其价值缺乏了解，所以，他们恰恰因此使得后来的任何一种"唯心主义的"和反自然主义的哲学名誉扫地；另一方面同样不能否认的是，就像有些人那样，他们通过极力指出事情的反面反而成了该事情的倡导者。不错，在某种程度上，德国唯心主义哲学家们已经为文化科学提供了一些基本概念。特别是黑格尔，他充分地意识到要把世界观建立

① 马克斯·韦伯：《社会科学认识和社会政策认识的"客观性"》(Die „Objektivitaet" sozialwissenschaftlicher und sozialpolitischer Erkentnis)，1904 年，《社会科学和社会政策文库》(Archiv fuer Sozialwissenschaft und Sozialpolitik)，第 19 卷，《罗舍尔和克尼斯与历史的国民经济学的逻辑问题》(Roscher und Knies und die logischen Probleme der historischen Nationaloekonomie)，1903—1906，施莫勒的《立法年鉴》(Schmollers Jahrbuch fuer Gesetzgebung usw.)，第 27、29 和 30 卷，《对于文化科学逻辑领域的批判研究》(Kritische Studien auf dem Gebiet der kuturwissenschaftlichen Logik)，1906 年，《社会科学和社会政策文库》(Archiv fuer Sozialwissenschaft und Sozialpolitik)，第 22 卷，《社会学和经济学中"价值自由"的含义》(Der Sinn der „Wertfreiheit" der soziologischen und oekonomischen Wissenschaften)，1917 年(《逻各斯》，第 7 卷)。

在历史生活之上。当然，他之所以引人注目不是由于他对自然科学一无所知。鉴于对于德国唯心主义哲学的兴趣正在更为广泛的领域内持续增长，人们可以期望，在这个“发展”一词扮演着如此重要角色的时代，还能从这个伟大的唯心主义的发展哲学家那里再学到一些东西。[①]

不过，黑格尔的体系是不能简单地照原样接受过来的，当下甚至还必须提防粉饰黑格尔学派的文字的做法。而且，目前看来，以前出现的其它一些有价值的萌芽对于规定和说明文化科学的任务也帮助不大。19 世纪中叶左右，我们精神生活历史中的历史连续性被打断了，德国哲学中对于理解历史生活至为重要的那些要素竟然几乎被遗忘了。人们在使用黑格尔的范畴时，意识不到它们的意义和作用。例如，人们在文化科学中谈到“发展”的时候，想到的常常是这样一个从事自然科学的人：作为专门的研究者，他无疑是最令人赞叹的，但作为哲学家，他却是微不足道的；人们十分认真地在“达尔文主义”中看到了“新的”历史哲学。于是，由于诸如此类的概念混乱，人们就为文化科学呼唤“自然科学方法”。并不是所有学科都以同样的方式遇到了这种情况，但恰恰是在狭义的历史学研究中，我们经历了一场关于方法和目标的激烈争论。如

① 关于德国唯心主义对于历史学的意义，参看 E. 特洛尔奇的《康德宗教哲学中的历史》(Das Historische in Kants Religionsphilosophie)，1902 年版，《康德研究》(Kantstudien)，第 9 卷；E. 拉斯克(E. Lask，1875—1915，德国哲学家，新康德主义者。——译者)的《费希特的唯心论与历史》(Fichtes Idealismus und die Geschichte)，1902 年版；W. 狄尔泰的《黑格尔的青年史》(Die Jugendgeschichte Hegels)，1905 年版。G. 梅利斯(G. Mehlis，1878—1942，德国哲学家，新康德主义者。——译者)的《孔德的历史哲学》(Die Geschichtsphilosophie A. Comtes，1909 年版)最为详细地证实了德国哲学家的观念多么强烈地影响了那些常常被认为与他们根本对立的思想家。

果与我们的哲学历史联系得再紧密一些的话，有些争论可能根本就不会出现。①

所以，为了更贴近我的问题，我在这里不想从过去已完成的工作开始，而只想涉及当前流传最广的关于专门科学分类的观点，以便使自己限于对我的见解做出真正系统性的陈述。

① 关于这个问题，参看 G. v. 贝洛夫（G. v. Below，1858—1927，德国历史学家。——译者）的一篇十分出色的文章："新历史方法"（Die neue historische Methode），载《史学杂志》（Historische Zeitschrift），第 81 卷，新编第 45 卷，第 193 页以后。为什么只要争论涉及方法问题，几乎所有各方都如此大动肝火，这是那些局外人无法看出来的。我无法评价兰普雷希特（Karl Lamprecht，1856—1916，德国历史学家，20 世纪德国结构史学的先驱。——译者）的历史著作。他重新提出方法论问题，这个功绩人们不应否认。但是，在这个领域中，如果没有逻辑的论证，是不会有什么建树的。所以，当兰普雷希特用他那些逻辑意义十分模糊的口号——例如，个体心理学方法和社会心理学方法等——开展工作时，与他进行讨论是不会有什么结果的。很明显，他自己的历史学著作和他的"方法"是不一致的。和每一个历史学家一样，他描述的是一次性历史发展的独特性，然而，他所用的方法可能不是"自然科学的"方法，而是在后面将要讨论的那种意义上的个别化的和与价值相关的方法。像典型性和敏感性这样的普遍概念或口号，使用得多一些还是少一些，对于方法的逻辑特征来说不是决定性的。奥斯瓦尔德·斯宾格勒的《西方的没落》（Untergang des Abendlandes）一书在这些问题上也表现出了极大的模糊性，这使该书［和以前的《作为教育家的伦勃朗》以及张伯伦（Hauston Stewart Chamberlain，1855—1927，英裔德国哲学家，种族主义作家。——译者）的《19 世纪的基础》（Grundlagen des neunzehnten Jahrhunderts）一样］出于若干显而易见的原因在世界大战后的气氛中取得了极大的、耀眼的成功。这部作品的有些部分并非兴味索然，但由于它把"世界历史形态学"——即关于历史生活的一般化的生物学——的思想宣告为新的方法，必然会使每一个熟悉相关文献的专家感到有些幼稚。斯宾格勒试图为这种"形态学"所做的逻辑奠基工作，在它被写出来的时候就已经遭到了驳斥。

三　基本对立

因为各门科学既可以在它们所探讨的对象方面，也可以在它们所使用的方法方面相互区分，所以，既可以按照质料的观点、也可以按照形式的观点对之加以分类。很多人似乎相信，这两种分类原则是一致的。这种一致性绝不是理所当然的。当人们眼下承认这两类专门科学在本质上彼此不同时，通常就没有注意到这一点。哲学中几乎仍然普遍流行的做法是：把自然（Natur）概念和精神（Geist）概念看作质料分类原则的基础。在此过程中，人们把意义含糊的“自然”一词理解为物质性的存在，把意义更为含糊的“精神”一词理解为心灵（seelisch）的存在，并且从心理（psychisch）生活内容方面的特点——这些特点表明它们与自然（physisch）世界是相对的——中推导出精神科学和自然科学应当遵循的两种方法的形式上的区别。由此还产生了这样的后果：在力学这门最普遍的、基础性的物体科学之外，又出现了一门与之相应的关于心灵生活的普遍科学，即作为基础性“精神科学”的心理学；而且，人们指望单独通过一种心理学方法在精神科学领域取得相应的原则性的进步。于是，人们就把历史学看作一门应用心理学，尽管这与这门学科的现状并不完全相符。

虽然各种观点之间在细节上相去甚远，但在哲学中通行的仍

然是这样一种主导思想：在对专门科学进行分类的过程中，首要的决定因素是心理存在的特征。甚至在下面这种情况下——比如在狄尔泰那里——这一点也被看作是显而易见的：由于一种十分鲜明的历史意义，就单独为历史科学进行奠基而言，迄今已有的心理学已经被证明是不合用的，因此，需要一门新的、有待创建的“心理学”。[①]

与在哲学中居支配地位的观点相反，很多从事经验研究的人越来越清楚地意识到：用精神科学这个词远不足以刻画那些非自然科学的专门学科的特征。[②]事实上，我认为：根据自然和精神的对立的观点所进行的分类尝试，是不能理解诸经验科学间实际存在的差别的，而这样的差别恰恰是问题的关键所在。为了明确眼下的方向，我首先试图以简要的方式，把我的观点与通常的、由习惯固定下来的观点加以对照。

不可否认，非自然科学的经验学科主要与心理存在相关；因此，从这方面来看，把这些学科称作精神科学并不是完全错误的。但是，问题的关键是：这样的做法并没有触及知识论的本质特征。因为借助于心理的概念，既不能把两种不同种类的科学兴趣之间原则上的差别——这种差别与对象的质料上的区别相对应，并且

① 参见狄尔泰：《关于一门描述的、分析的心理学的设想》(Ideen ueber eine beschreibende und zergliedernde Psychologie)，《普鲁士皇家科学院会议报告》(Sitzungsberichte der koenigl. Preuss. Akademie der Wiss)，1894 年版，第 1399 页以后。

② 1898 年，我首次把这本著作的内容向学术界做过报告。在那些学者中间，甚至再也没有人赞同用这个在逻辑学中还很流行的词划定与自然科学的界限。近来，越来越常见的是使用文化科学这个术语。

使其中一组特殊科学的代表们相信:他们彼此之间的联系要比他们与另一组特殊科学代表们的联系更为紧密——清楚地刻画出来,也不能完全由此推导出两种彼此不同的专门研究方法之间任何有用的逻辑上的、亦即形式上的对立。最近一个时期以来,与哲学家一起在心理学领域耕耘的主要是自然科学家,相反,历史学家和其他“精神科学”的代表大多对近代心理学毫无兴趣。这绝非偶然。毋宁说,这种情况的出现有其本质性的原因,而且,要改变这种状况多半是不可能的,甚至或许根本就不值得这样做。在我看来,心理学对于一些所谓“精神科学”的意义,不仅被心理学家们高估了,而且眼下还被逻辑学高估了。对于另一半从事专门研究的理智共同体(globus intellectualis)来说,无论现有的还是有待建立的关于心灵生活的普遍科学,都不能达到力学对于自然科学所具有的那种基础性地位。毫无疑问,运用眼下在心理学中流行的方法,必定会在历史科学中引起混乱。当人们用“社会心理学”取代历史描述的时候,这种情况已经出现了。

不过,更为重要的是:通过自然和精神这样一种唯一的对立,根本无法在方法论上把诸专门科学的多样性划分开来,因为这里所面临的问题,比人们通常估计的要复杂得多。依我之见,在对特殊学科进行划分的过程中,方法论必须确立下述两对基本概念,用以取代自然和精神这一种差别。

用来划分专门科学的那两组对象——它们就像物体(Koerper)和心灵(Seele)那样,在存在方式上相互区分——是根本找不到的,因为至少在可直接通达的现实中,没有任何东西能够在原则上逃脱自然科学那样的着眼于形式特征的研究。按照这样的理解，下面的说法就是合理的：只能有一门经验科学，因为只有一个经验现实。事实上，人们可以而且必须把整体性的现实，亦即作为一切物体存在和心灵存在的总和的现实，看作一个统一的大全，或者看作——像流行语所说的那样——“一元的”，与此相应，诸专门学科按照同样的方法研究这个大全的各个部分。一旦出现这样的局面，研究物体过程的科学和研究心灵生活的科学，便通过共同的兴趣紧密地联系在一起了。

因此，只有在下述情况下，对象在质料上的对立才能成为专门科学分类的基础：一些事物和过程从整体现实中突出出来，它们对于我们具有一种特别的意义或重要性，因而，我们从中看到了一些比单纯的“自然”更多的东西。面对这些事物和过程，单靠在其它方面完全合理的自然科学描述尚嫌不足；我们还必须针对它们提出一些全然不同的问题，而且，这些问题首先针对的就是那些我们最好用文化一词加以概括的对象。基于文化对象的特殊意义把科学划分为自然科学和文化科学，也可以完美地刻画把专门研究者分为两类的那种兴趣的对立。因此，在我看来，用自然科学和文化科学的差别取代通常的自然科学和精神科学的划分是合适的。

但是，我们不能仅仅满足于此。除了质料的分类原则之外，还必须增加一种形式的分类原则。如此一来，自然科学和文化科学的概念就变得比通常所理解的更为复杂，而且，这两个概念表面上的简单性只是由于“自然”这个词的模糊性所致。显然，从被称为文化的那部分现实的任何质料的特征中，很难推导出特殊科学方法间基本的形式的对立，就像从自然和精神的差别很难推导出这种对立一样。因此，我们不能像人们谈论自然科学的方法那样，也不能像人们相信可以谈论心理学的方法那样，理直气壮地谈论“文化科学的方法”。但我们必须同时注意到：“自然科学的方法”这个术语也仅仅具有一种逻辑的意义，只要其中的“自然”一词不仅仅意指物体世界，而且具有上述康德式的或者形式的意义，因而无论如何不是意指一种“物体科学的方法”，尽管只有这样的方法才是真正与精神科学的方法或者心理学的方法相对立的。毋宁说，只有一个同样是逻辑的概念，才能形成与作为物的存在——这种存在受普遍法则制约——的自然的逻辑概念的对立。而这正是——如我所认为的那样——最宽泛的形式意义上的历史概念，也就是具有特殊性和个别性的一次性事件的概念。这个概念与普遍规律的概念处于一种形式的对立之中，因此，我们在对专门科学进行分类的时候一定要谈论自然科学方法和历史方法的区别。

所以，我们按照形式的观点所做的分类，绝不会与按照质料的观点所做的分类完全一致，这种一致在通常划分自然科学和精神科学时好像出现过。因此，同样不能说：必须用自然与历史的形式的区分取代自然与精神的质料的区分，这是人们误解这种分类时才会说出的话。我们只能要求用自然与文化的区分排除和代替自然和精神的区分。不过，我确实相信能够表明：只要对于一切文化对象所做的必要观察，恰恰是按照历史的方法所做的描述，那么，在我们的两种分类原则之间是存在某种联系的；而且，从后面即将发展起来的形式的文化概念出发，这种方法的概念也是不难理解的。当然，自然科学的方法也广泛地延伸到了文化领域之中，所以，人们尤其不能说：只有历史文化科学。恰恰相反，从某些方面看，人们甚至可以谈论自然科学中的历史方法。因此，从逻辑的观点来看，就出现了若干中间地带。在这些地带，一方面内容上的文化科学研究和方法上的自然科学研究，另一方面内容上的自然科学研究和方法上的历史研究，是紧密地交织在一起的。不过，这种联系又不是能够完全取消专门研究中自然科学与文化科学对立的那种联系。毋宁说，借助于我们的概念，我们可以获得所探寻的经验科学的基本对立，途径是：我们不仅在质料方面，而且在形式方面，把历史文化科学的概念与自然科学的概念严格区分开来，继而进一步表明：尽管存在所有这些过渡和中间形式，但在研究自然存在时人们将主要采用自然科学方法，而在特殊科学研究文化生活时则主要采用历史的方法。

我接下来的任务是：把上述意义上自然和文化在质料上的对立，以及自然科学方法和历史方法在形式上的对立广泛地加以展开，从而清楚地表明：我们这里所提出的论点是有根据的，我们对专门科学所做的不同以往的分类尝试也是合理的。然而，我要再一次强调，原则上我必须满足于对纲要性的基本区分加以阐述，而对于更为详细的引证则只能从简了。本书无意提出一个涵盖全部科学或者哪怕是全部专门科学的完备的知识论体系。我们在这里完全不顾及哲学的方法，而且出于马上就会给出的理由，也不从其逻辑结构方面考虑数学。我们要处理的是那些研究感性世界真实存在的经验性学科，对于这些学科来说，唯一重要的事情是：意识到它们的描述有两种相互对立的基本形式，这两种形式证明了把它们划分为自然科学和文化科学是合理的。

四　自然与文化

一种侧重逻辑问题的、严格系统化的研究，理应从对于方法的形式上的差别所做的反思出发，因而从一种历史科学的概念出发去理解文化科学的概念。[①] 然而，由于诸专门科学首先涉及的是事情本身(sachlich)的差别，而且，在其后续的进程中，分工也首先是由自然和文化的质料上的差别决定的，所以，为了不过多地远离专门科学的兴趣，我想从事情本身的对立开始，继而讨论形式的、方法的差别，进而阐明形式的分类原则与质料的分类原则之间的关系。

自然和文化这两个词的含义都是不明确的，自然这个概念尤其往往需要一个与之对立的概念才能得到进一步规定。如果我们暂时遵循该词固有的含义，我们就会最大限度地避免主观的假象。自然产物是那些天然地从土地里生长出来的东西，而文化产物则

① 在拙著《自然科学概念建构的界限：历史科学的逻辑引论》(Die Grenzen der naturwissenschaftlichen Begriffsbildung. Eine Logische Einleitung in die historischen Wissenschaften，1896—1902 年初版，1913 年第二版)中，我走的就是这条道路。还可参见我的论文"历史哲学"，载《20 世纪初的哲学：库诺・费舍纪念文集》(Geschichtsphilosophie in: Die Philosophie im Beginn des 20. Jahrhunderts. Festschrift fuer Kuno Fischer)1905 年初版，1907 年第二版。我想强调指出，这些著作同样无意建立一个完备的科学体系，因此，由于这个或那个学科没有在我的体系中找到位置而引发的任何反对意见都是站不住脚的。

是那些经人劳作和制造之后才由土地产生出来的东西。如此看来，自然就是那些自动产生的、“天生的”和任其自己“生长”的东西的总和。与此相反，文化或者是由一个按照预定目的行动的人直接创造出来的东西，或者它虽已经是一个现成之物，却至少因为其固有价值之故被人有意地保护起来了。

我们可以按照自己的愿望扩展这种对立，不过，必须始终抓住这样一点：一切文化事件都体现着一种被人所认可的价值，为此之故，它们或者是被人创造出来的，或者虽然它们是已有之物，却受到了人的保护；与此相反，一切自行产生和生长之物，都可以不从价值的角度对其加以思考，而且，如果它们确实不过是上述意义上的自然，那么，也必须不从价值的角度对其加以思考。可见，价值是文化对象所固有的，所以，我们打算把文化对象称为财富（Gueter），以便把这些对象作为有价值的现实，既与不具任何现实性的价值本身区分开来，又与人们可以忽略的现实区分开来。自然事件与价值无关，不能被看作财富。因此，如果人们把任何价值和一个文化对象分开，那么，这个文化对象也就由此变成了纯粹的自然。通过与价值的这种联系，就是说，凭借有这种联系还是没有这种联系，我们就能够准确无误地把两类对象区分开来，而且我们也只有借此才能做出这种区分，因为撇开其所固有的价值，任何一个文化事件都必然被看作是与自然相关的，甚至必然被看作自然。

但是，对于使现实成为文化财富、由此使现实区别于自然的那种价值，我们还必须做如下补充说明。关于那些价值，我们不能说它们实际上存在或者不存在，只能说它们有效还是无效。一种文

化价值或者事实上被公认为是有效的，或者至少被一个文化人假定是有效的，因而假定这种价值附着其上的对象具有不仅仅是纯然个别的意义。此外，就最高意义上的文化而言，它所涉及的不能是一个纯然欲求的对象，而是必须与财富相关。当我们反思价值的有效性时，考虑到我们生活于其中的共同体，或者出于某种其它的理由，我们多少感到"有义务"去评价或保护这些财富，然而，在这样做的过程中，我们想到的又不应当仅仅是一种道德的必然性。价值能够作为"应然之物"矗立在我们面前。按照这样的想法，我们不仅能够使文化对象与那种虽然被大家评价和追求、却只是本能地评价和追求的东西划清界限，而且与下面的东西划清界限：它之所以被评价为财富，虽然不是由于一种纯粹的本能，不过也仅仅是由于一时的心血来潮。[①]

显然，只要涉及的是两类实在对象的差别，那么，自然与文化的这种对立就的确是区分诸专门科学的基础。严格说来，宗教、教会、法律、国家、习俗、科学、语言、文学、艺术、经济，以及从事这些活动所必需的技术手段，至少在它们发展的某个阶段都是文化对象或财富，因为它们所固有的价值或者已经被一个共同体的全体成员公认为是有效的，或者可以期待得到他们的公认。因此，我们只需进一步扩大我们的文化概念，把文化的初期阶段和没落阶段，以及文化所促进或阻碍的事件也一并考虑在内，那么，我们就会看到：文化涵盖了宗教学、法学、历史学、文献学、国民经济学等

① 要区分各种不同的价值有效性会造成很多困难，我们在此没有必要对它们做进一步的探讨。另请参见本书最后一章：文化历史学的客观性。在那里，文化价值有效性的概念得到了广泛的阐释，足以满足人们理解经验客观性的需要。

等的一切对象，就是说，涵盖了除心理学之外的所有“精神科学”的一切对象；因此，对于非自然科学的特殊科学来说，文化科学这个术语无疑是一个合适的名称。人们把农具、机器和化学制剂等也列入文化，这种情况肯定不像冯特[①]所认为的那样构成了对使用文化科学这一术语的反驳。相反，这种情况恰恰表明：与冯特所赞同的精神科学一词相比，用文化科学来指称各门非自然科学的学科要合适得多。虽然技术发明大多是借助于自然科学完成的，但它们本身并不属于自然科学研究的对象，同样，它们也不能被列入精神科学之中。只有在一门文化科学中，对于它们的发展所做的描述才能找到一席之地。至于它们对于“精神”文化能够具有怎样的意义，这是毋需任何证明的。

诚然，像地理学和人种志学这样一些学科该划归什么科学，是不能一概而论的。不过，要对这些学科的归属做出裁决，只需看它们是从怎样的观点看待自己的对象的，亦即：是把它们看作纯粹的自然，还是把它们与文化生活联系起来。地球表面本身是一个纯粹的自然产物，不过，作为一切文化发展的舞台，它还唤起了一种超出纯粹自然科学之外的兴趣；原始民族一方面可以被看作“未开化民族”，另一方面也可以对其做如下研究：在它们那里，文化的“端倪”已经到了何种程度。这种两面性只不过证明了我们的观点：像自然与精神这样的区分没有搔到问题的痒处。因此，我们可以毫不迟疑地把各门非自然科学的专门学科称为上述意义上的文

① 冯特(Wilhelm Wundt，1832—1920，德国生理学家、心理学家和哲学家，实验心理学之父。——译者)：《哲学导论》(Einleitung in die Philosophie)，1901 年版。

化科学。

然而,有时文化科学这个词还在另一种意义上被人们所使用,因此,如果我们更加明确地把我们这个概念与其它一些近似的概念——在那些概念中,文化这个术语或者包含的范围过宽,或者包含的范围又过窄——区分开来,也许不无裨益。不过,在这方面我打算仅限于给出几个例子。

我挑选了保罗[①]提出的文化科学概念,作为一种过宽的理解的典型。之所以要对他的观点加以简要说明,原因在于:他通过其令人信服的阐述,不仅使文化科学取代精神科学成为常用词汇,而且也是近来最早指出规律科学与历史科学之间的基本逻辑区别——后面我们会专门讨论这种区别——的人之一。尽管如此,保罗还是要"把心理因素的活动称为……文化的特有标志",他甚至认为这"是该领域与纯粹自然科学对象之间唯一可能的、精确的界限"。由于在他看来"心理因素"是"一切文化运动中最本质性的、核心性的因素",所以,对他来说"心理学"也就变成了"一切在较高意义上被理解的文化科学的最重要的基础"。因此,他之所以回避精神科学这个术语,只是因为"一旦我们进入历史发展的领域,……除了心理的力量之外,我们还要与自然的力量发生关系"。于是,他就给出了如下定义:当心理的东西单独出现的时候,它就是纯粹精神科学的对象;而由自然的存在和心理的存在共同构成的一切现实,则都属于文化科学。

这种想法无疑有其正确之处,即:人们不能使文化科学仅限于

① 保罗:《语言史原理》(Prinzipien der Sprachgeschichte),第三版,第6页以后。

对精神事件的研究；由于同样的理由，精神科学这个术语是不够典型的。但是，人们必定会进一步追问：经验的文化科学究竟是否有理由像心理学所做的那样，把自然的存在与心理的存在分开？文化科学所使用的“精神”的概念，是否与心理学所建构的“心理”的概念相一致？即使撇开这一点不论，我也不能理解保罗打算怎样用他的方法把自然科学与文化科学“严格”区分开来。他甚至得出了这样的结论：根据他的定义，一种动物文化也必须得到承认。不过，他大概还不至于主张：就精神事件而言，动物生活在任何情况下都属于文化科学。毋宁说，只有当我们不仅将其看作广义的人类精神生活的初期阶段，而且看作我所勾勒的那种意义上的人类文化生活的初期阶段时，动物生活才会属于文化科学。一旦取消了与文化价值的这种联系，我们便只是在与“自然”打交道，这样一来，该领域“唯一可能的、精确的界限”在这里就彻底失效了。

当保罗把艺术本能和社会组织的发展史作为一门关于动物生活的文化科学的例证时，他是含蓄地承认了这一点的，因为只有在下述情况下谈论动物的艺术本能和社会组织才是有意义的，即所谈论的这些事件可以完全按照与人类文化的类比加以考察，然而这样一来它们也就成为了我所说的文化事件。但是，对动物生活所做的这种观察不能被看作唯一合理的观察；而且，还应该指出的是：把人类的文化概念运用到动物界，在大多数情况下是一种轻率而混乱的类比。如果“国家”（Staat）一词既指德意志国（das Deutsche Reich），又指一个蜂箱，那么，人们应当怎样理解“国家”这个词呢？如果“艺术品”（Kunstwerk）一词既用来指米开朗基罗的美第奇家族陵墓[①]，又用来指鸟语鸣啭，那么，人们应当怎样理解“艺术品”这个词呢？心理应当是保罗的概念中的本质特征，正是因为这个原因，他的概念肯定不适合用来划分文化与自然。而且，他的进一步阐释表明：他自己也不能通过这个概念达到自己的目的。

不过，我并不打算对此做进一步研究。我本来只打算通过一个例子再次表明：为什么没有一种把财富与纯客观的现实区分开来的价值观点，就不能发现文化与自然的严格区分。现在，我只是还想解释清楚，为什么在给文化概念下定义的时候，价值这么容易被精神的概念所取代。

不错，在考察文化事件时，必须不仅考虑价值，而且同时还要考虑对文化事件做出评价的一个心理的存在，因为价值只能由这样的存在来评价。这种情况造成了这样的印象：心理的东西通常似乎比物质的东西更有价值。由于文化事件是财富，所以，在它们那里评价和精神生活必定始终是同时起作用的，因此，两组对立——即自然与文化的对立和自然与精神的对立——之间实际上是有某种关联的。然而，就算这种情况属实，也不能由此证明通过自然和精神的对立进行科学分类是正确的，因为心理之物的纯然现成存在（Vorhandensein）——由于心灵生活不仅应当被看作这样的心理之物，而且还应当被看作自然——还算不上文化对象，因此不能用来为文化概念下定义。毋宁说，只有在下述情况下，心理

① 美第奇家族陵墓：米开朗基罗为美第奇家族创作的陵墓雕塑，历时15年才创作完成。除两座墓主人雕塑外，米开朗基罗还创作了一组被后世称为《晨》《暮》《昼》《夜》的人物雕塑。——译者

之物才能用来为文化概念下定义：在作为评价的必要前提的心理之物中，应当始终受到关注的是价值本身，而且是普遍有效的价值。事实上，这种情况可能经常出现，特别是当人们使用“精神”一词的时候。我们应当拒绝的那些尝试就属于这种情况。但是，只要人们把精神理解为心理的东西，他们就没有权利把精神和对一种普遍有效的价值所做的评价等量齐观。毋宁说，人们应当在概念上把“精神的”存在亦即评价的心理活动，与价值本身及其有效性严格区分开来，正如人们必须把财富与财富所固有的价值区分开来一样；人们还应当明确：在“精神价值”中，起主导作用的不是精神，而是价值。这样，人们就不会再用心理的东西为文化与自然划界了。心理的东西只有作为评价才与文化相关，而且，即使作为评价它也有别于从现实创造出一种文化财富的那种价值。

最后，我可以非常简要地谈一谈这样一些定义：它们把文化概念局限在过于狭窄的一组受到普遍评价的对象。之所以要特别提及这些定义，是因为通过其中的一些定义，“文化”这个词对很多人而言已经获得了一种简直是令人生厌的附带含义，这种含义造成了人们对于文化科学这个术语的反感。我在这里指的主要不是像“文化斗争”和“伦理文化”这些与科学无关的复合词，我心里想的也不是下面的情形：由于语言在某些方面被过度滥用了，比如把“文化”一词仅仅理解为群众运动，或者把过去的战争作为“不道德的”东西排斥在文化之外，于是，人们完全没有使用这个词的兴致了。毋宁说，我所关注的是那些特别与大众常用的“文化史”概念相关的观点。毫无疑问，为了使其适用于把科学划分为两大类的任务，我们的文化概念必须被认为完全不包含文化史和政治史之间所确立的对立，这些对立特别是在迪特里希·谢弗[①]和格特恩[②]的著作中得到了有趣的阐述。一方面，根据我们的定义，国家和国民经济或者艺术一样，是一种文化财富，其中看不到任何主观杜撰的术语。另一方面，又不能把文化生活直接等同于国家生活。因为下面的说法固然可能是对的：正如谢弗所特别表明的那样，一切高级文化都只有在国家中才能得到发展，因此，当历史研究把国家生活置于首要地位时，它的做法也许是有理的；然而，还有很多东西，如语言、艺术和科学等，在其发展过程中有一部分内容是完全独立于国家的。我们只需想一想宗教的情形，便可以理解为什么使一切文化财富从属于国家生活，与此相应，使一切文化价值从属于政治价值的想法，是根本行不通的。

因此，我们坚持这个与语言的习惯用法完全一致的文化概念，就是说，我们把文化理解为这样一些实在对象的总和：它们具有被普遍认可的价值，并且由于考虑到这些价值而被保护起来。我们没有在内容上对这一规定做进一步补充，然而我们已经看到：为什么这个概念可以有助于我们进一步把诸专门科学划分为两大类。

---

① 迪特里希·谢弗（Dietrich Schaefer，1819—1883，德国历史学家。——译者）：《史学的真正研究领域》（Das eigentliche Arbeitsgebiet der Geschichte），1888年版；《历史与文化史》（Geschichte und Kulturgeschichte），1891年版。

② 艾伯哈特·格特恩（Eberhard Gothein，1853—1923，德国历史学家。——译者）：《文化史的任务》（Die Aufgaben der Kulturgeschichte），1889年版。

五　概念与现实

如果因为同样的方法常常被用来既研究自然对象又研究文化事件，就断言：自然科学和文化科学之间的差别已经得到充分说明，这样的断言在逻辑上是没有多大意义的。为了表明在两类专门科学之间还有哪些深层次的差别，现在我从质料的分类原则转向形式的分类原则。不过，为了阐明这一原则，有必要首先对特殊科学的认识做些概括的说明；而且，我打算从“认识是对现实的反映”这个流传甚广的概念开始说起。只有认识到这个概念的荒谬性（至少就科学知识而言），才有望对任何科学方法的本质有所领会，甚至才能弄清楚科学“形式”这个概念。

只要人们把可认识的现实设想为与熟知的、可经验的世界不同的另一个世界，亦即一个处于被知觉的世界“背后”的“超验的”世界，反映论看起来就有一种正面的意义。如果是这样，认识的任务就在于：从直接所与的材料出发形成与那个超验的世界相符合的表象或概念。例如，柏拉图的知识论——请允许我在这里以最为简略的方式对之加以说明——把“理念”视为现实，而且，因为理念是普遍的，不同于处处特殊的、个别的、原本并不现实的感觉世界，所以，个别的表象也是不真实的，只有普遍的亦即反映理念的表象才是真实的。正因如此，概念的本质就在于它的普遍性。又如：一位近代物理学家也认为具有质的规定性的所与世界仅仅是"主观的"，相反，具有量的规定性的原子世界则是客观的。于是，认识的任务就在于形成具有量的规定性的表象或概念。这些表象或概念也是真实的，因为它们是现实的反映。

不过，即使这些大胆的假设是正确的，至少我们还是不能直接地对这样一个处于所与现实"背后"的世界有任何认识，因而也绝不能直接发现这些表象或概念与那个世界的一致性，就是说，绝不能直接发现反映与原型的相似性。所以，为了理解知识的本质，我们只能首先对与超验世界相符合的那些表象或概念得以形成的那个修改(Umformung)过程加以研究。无论如何，即使就超验的真理概念而言，逻辑学也绝不能首先把认识看作一种反映，而只能将之看作通过概念对直接所与的质料所做的一种改造(Umbilden)，因为只有这种改造才是认识可以直接通达的过程，而所寻求的对超验现实的反映要通过这个过程才能够形成。

然而，也许这个超验的真理概念是完全站不住脚的，就是说，我们的专门科学的认识仅限于直接所与的、内在的感觉世界，它的任务仅在于反映这个感觉世界。事实上，只要在这种情况下反映与原型之间的一致性能够被直接地建立起来，这看起来就没有包含太多的假设。但是，如果对此做更为细致的考察，我们就会发现：恰恰是在这个地方反映论变得十分可疑。因为根据这一假设，知识的进步仅仅取决于它在多大程度上成功地提供了现实的一种再现(Wiederholung)。如此说来，镜子就是最能"认识"的，或者说，一个高度逼真的模型最接近"真理"，至少就事物的可见性而言。但是，这样一种在反映的意义上对现实所做的尽可能精确的再现或复制(Verdoppelung),对于正在进行认识的人来说真的有用吗?只有在这样的情况下一种完满的反映对于我们才具有科学价值,即被反映的经验对象本身是我们所不能直接通达的,可是,认识还远没有包含这样一种绝对完备的复制。难道在这里科学认识没有被证明是一种改造吗?难道不正是因为没有假设一个超验的世界,反映论才真正站不住脚吗?

当然,有人可能会说,他想通过认识达到的不是别的,恰恰就是关于事物的一种反映:科学必须如其所是地“描述”世界,凡不与现实精确相符的描述都没有任何科学价值。当然,没有多少理由阻止一个人表达这样的愿望,不过,人们仍然可以提出这样的问题:这种愿望是否有可能实现。如果人们尝试一下去精确地“描述”现实,将它连同其全部细节“如其所是地”纳入概念之中,以便借此得到现实的一个反映,那么,他们大概很快就会认识到这样的尝试是没有意义的。因为经验的现实证明自身具有一种我们无法估算的多样性;我们越是专注于这种多样性,并将其分解为它的诸多细节,这种多样性就显得越加丰富,因为即使“最小的”一部分现实也包含着比有限的人所能描述的更多的东西;而且,和他不得不忽略的东西相比,他能够纳入自己的概念之中、因而可以纳入自己的认识之中的东西,实在是微不足道。[①]一旦我们必须用概念去反映这个现实,作为认识者的我们就会面临一个原则上无法解决的难题。因此,如果迄今所做的工作可以要求成为知识的话,那么,

① 在拙作《自然科学概念建构的界限》第二版第30页以后,我试图详细论证这个初看上去也许多少有些悖谬的思想。

对于内在的真理概念来说情况也必定始终是这样：认识不是反映，而是改造；而且，我们还可以补充说：与现实的东西本身相比，认识始终是简化(Vereinfachen)。

对于我们的目的而言，也许这个既简单又确凿的反驳已经足以驳倒这样的观点：科学必须提供现实的反映。不过，鉴于不可能“如其所是地”把现实纳入概念之中，这就导致了这样一种观点：经验的现实是“非理性的”，又鉴于这种观点受到了激烈的反驳，因此，我想对此再做些补充说明，并且特别要表明：在何种意义上可以说现实是非理性的，在何种意义上可以说它是理性的。

如果我们留意任何一个直接给与我们的存在或事件，我们很容易就会意识到：我们在其中任何地方都找不到明显的、绝对的界限，只能发现无处不在的逐渐的过渡。这与每个所与现实的生动性有关。自然不会发生任何突变；一切都是流动的。这是古老的定律，事实上这些定律既适用于物理的存在及其特性，又适用于心理的存在及其特性，因而也适用于我们所直接认识的一切实在的存在。每一个在空间中延展或者占有一个时间段的构成物，都具有这种连续性的特征。我们可以简要地称之为一切现实之物的连续性定律(Satz der Kontinuitaet alles Wirklichen)。

但是，这还不是事情的全部。世界上任何一个事物、任何一个事件都不会与其它事物或事件完全相同，充其量不过是与其它事物或事件或多或少地相似而已。而且，在每一个事物、每一个事件的内部，每个部分无论多么小，都不同于任何一个其它部分，无论它们在空间和时间上相距多近或多远。因此，正如人们也可能说到的那样，每一个现实都表现出一种特殊的、独特的、个别的特征。

至少任何人都不能声称:他曾在现实中遇到过某种绝对同质之物。一切都是不同的。我们可以将此称作一切现实之物的异质性定律(Satz der Heterogeneitaet alles Wirklichen)。

毫无疑问,这一定律也适用于每一个现实所显示的那些逐渐的、连续的过渡,恰恰这一点对于现实的可理解性问题至为重要。无论我们的目光投向何处,我们都能发现一种连续的相异性(eine stetige Andersartigkeit),而且,正是异质性和连续性的这种结合,使现实呈现出了那个奇怪的"非理性"的特征,就是说,由于现实的每一部分都呈现出一种异质的连续性,所以,它不能被如其所是地纳入概念之中。如果把精确再现(Reproduction)现实之物的任务指派给科学,那只会暴露出概念的无能,而且,在反映论支配着知识论的地方,唯一合乎逻辑的后果就是绝对的怀疑主义。[1]

所以,不应为科学概念提出这样的任务,而是必须追问:科学

① 我要特别强调的是,我并没有谈论现实之物的"无限性"(Unendlichkeit),因为人们可能会说,这样的说法已经对直接的东西做了概念上的改造。问题的关键仅仅在于:要意识到直接所与的现实事实上的不可穷尽性(Unuebersehbarkeit),并且指出这种不可穷尽性所依据的理由。毫无疑问,这只有借助于概念才能完成,因为若无概念的帮助,便没有任何可理解之物能够被陈述出来。不过,概念在这里应当仅仅是关于"不可理解之物"的概念,就是说,对绝不能被理解的东西加以澄清。因此,人们不可持有这样的看法:我们能够形成关于作为异质连续性的现实之物的概念,这就表明了现实之物的可知性,因而谈论不可知的现实之物便不再有任何意义了。诸专门科学追求的是关于现实世界的内容的知识,关于这个内容,异质连续性这一形式的概念要传递给我们的无非是这样一点:它使我们意识到现实世界的不可穷尽性。所以,就在这一形式的概念形成之后,现实之物对于诸专门科学来说依然是内容上的不可理解之物,或者说,现实之物依然是诸专门科学对于各自的内容形成概念的界限。这样,库尔特·施特恩贝格(Kurt Sternberg,1885—1942,德国新康德主义哲学家。——译者)在《历史科学的逻辑》(Zur Logik der Geschichtswissenschaft)一书(柏林,1914年版,第45页)中对我所做的指责便不攻自破了。

概念怎样才能获得对于实在之物的权力，而且，问题的答案并不难找到。只有对相异性和连续性进行概念上的区分，现实才能成为“理性的”。只要连续性是同质的，它就可以通过概念加以把握；只要我们能够在异质的东西之中进行切割，从而把它的连续性转化为一种间断性，异质的东西也是可以把握的。这样，对科学来说甚至出现了两条截然相反的形成概念的道路。我们把存在于每个现实中的异质的连续性，或者改造成一种同质的连续性，或者改造成一种异质的间断性。由于做到这一点是可能的，因而现实也就可以被称为理性的。只有对那种只想反映现实、不想改造现实的认识而言，现实才始终是非理性的。

第一条道路从排除异质性开始，这正是数学所走的道路。数学甚至也会部分地关涉同质的间断性，比如，在简单数的级数中所呈现的就是这种情况，但是，只要把这种间断性看作同质的，数学就能够在概念上把握连续性，而且，这正是它引以为傲的最高成就。数学的“先天性”可能与它的构成物的同质性有关。只要人们可以肯定：绝不会碰到某种原则上的新东西，那么，对未曾观察或经验到的东西做出先行判断就是可能的。[1]不过，从一门想认识现实的科学的观点来看，这些成就付出的代价是昂贵的。一般说来，数学所讨论的那些同质构成物不再具有任何“实在的”存在，而是属于这样一个领域：如果人们愿意说它存在的话，它也只能被叫作一种“理想的”存在。对于数学来说，同质的连续性世界是纯然的

① 这方面的内容请参见我的论文：“一个、统一和一：数字概念逻辑学述评”（Das Eine, die Einheit und die Eins. Bemerkungen zur Logik des Zahlbegriffes），载《逻各斯》，1911年，第2卷，第26页以后。

量的世界，而且，正是由于这个理由，它是绝对“非现实的”，因为我们能够认识的只是具有质的规定性的现实。

所以，如果人们想抓住质，进而借此抓住现实，他们就必须一方面保持其异质性，另方面在其连续性中做出分割。在此过程中，所有处于概念所划定的界限之间的现实内容都丢失了，而且，这样的东西还不在少数。因为无论我们把那些界限靠得多么近，现实本身连同其连续的、因而不可穷尽的相异性，总是会不知不觉地从这些界限之间流过去。所以，我们只能用概念在实在（Realitaet）的水流上面架设桥梁，无论每个桥拱是多么的小。对此，任何关于实在的存在的科学都无法做出哪怕些许的改变。尽管如此，从原则上说，与同质之物和纯然量的东西相比，这样形成的概念在内容上是更接近于现实本身的。对于同质之物和纯然量的东西，这里无需做进一步的探究，因为我们仅限于这样的科学：它们致力于形成关于实在对象的概念。通常说来，自然科学与文化科学的差别仅适用于这些实在对象。像数学这样的关于理想的存在的科学，既不属于自然科学，又不属于文化科学，因此，在这样的上下文中，我们就不对之做进一步考虑了。

我们的目的是对那些处理对象的实在存在的经验科学进行分类，就此目的而言，找到这样的证据就足够了：任何想把握现实的内容的概念，都不能“如其所是地”把现实纳入自身之中。只有在唯一的一门科学中才会产生这样的假象：它无论如何都能够完全地把握现实，很显然，这门科学就是数学物理学。近代的理性主义——它认为现实是完全可把握的——主要就是以这种物理学为出发点的。物理学无疑要与实在的存在打交道，但是，通过数学——它必须把异质的现实分解为间断性——的运用，仿佛间断性又被变回到了连续的构成物，因而现实本身的异质的连续性仿佛被纳入到了概念之中。[1]不过，我们先略去这个特殊情况不谈，留待以后另行处理。我们所关注的仅仅是其它关于现实的科学，这些科学必须在任何情况下都限于现实之物的一个相对较小的部分，因此，它们的认识只能是一种简化，绝不能是对实在内容的一种反映。

于是，由此得出了一个对于方法论来说具有重要意义的洞见。为防止其改造活动陷入随意性，这些科学需要一种“先天的”判断，或者一种先行判断，供它们为现实划界或者把异质的连续性转化为间断性时使用。就是说，这些科学需要一种选择原则，以便据此——像人们所说的那样——在所与的材料中区分开本质的东西与非本质的东西。相对于现实的内容，这个原则具有一种形式的特征，于是，科学“形式”的概念便变得明朗了。只有在本质之物的总和(Inbegriff)中，而不是在现实内容的反映中，我们才具有对于形式方面的认识。为了使“本质”一词对于经验科学具有重要意义，我们也可以把借助于形式原则从现实分离出来的这个总和叫作事物的“本质”。

如果情况是这样，那么，方法论就具有这样的任务：按照专门科学的形式的特征，明确阐释那些对于本质建构具有决定性意义的观点，这也是专门科学的研究者在其对现实所做的描述中往往不自觉地引为标准的观点。对于我们来说，问题的全部均取决于

---

① 我们在后面会看到，这也是一种错觉。

这一研究的成果。因为科学方法的特征显然取决于如何在现实之流中进行分割，以及如何对本质成分加以筛选的那种方式；而要回答在两类描述现实之物的专门科学之间——同时考虑到它们的方法——是否存在原则性区别的问题，必须同时回答这样的问题：是否两类科学在其最普遍的形式特征方面也有原则上不同的观点——诸专门科学就是根据这些观点把现实中本质的东西与非本质的东西区分开来，从而把现实的直观内容纳入概念的形式之中。

在尝试着回答这个问题之前，我们有必要对“概念”一词的使用做些补充说明。在这个地方，相应于我们所提的问题，我们把“概念”理解为科学的产物，对此，没有人会提出异议。可是，与此同时，我们也把科学为了把握一种现实而从现实纳入自身的所有东西的总和叫作这个现实的“概念”，因此，我们并没有在科学描述的内容和概念的内容之间做出任何区分，人们或许认为这太随意了。但是，只有在术语学中存在一个牢固传统的情况下，这种随意性才是不合理的。众所周知，恰恰就概念一词而言，这样的传统是根本不存在的。人们既把这个词用于科学判断的“最终的”即不能进一步分解的“要素”，也用于由很多这样的要素组合而成的最复杂的构成物。人们既把不可定义的“蓝”或“甜”——它们指称的是直接的知觉内容——称为概念，也同样谈论与引力规律一致的引力概念。鉴于这种区别对于方法论来说是至关重要的，我们在这里要求把无法定义的“简单”概念作为概念要素与真正的科学概念区分开，后者是这些要素的复合体，是通过科学工作才能形成的。除此之外，在“概念”和“用概念进行描述”之间，显然不能再划出一条原则性的界限。因此，当我们把含有对于一种现实的科学认识

的概念复合体，也叫作这个现实的“概念”时，是合乎逻辑的，因而绝不是随意的。我们绝对需要一个普遍的术语，用来表示包含下述内容的一切构成物，即科学从直观的现实纳入自己思想中的东西。为了标明与直观的这种对照，概念一词恰恰是十分合适的。

因此，科学概念既可能是无法定义的概念要素的复合体，也可能是可定义的科学概念的复合体；而这些科学概念与它们所形成的更为复杂的概念相比，又必须被看作它们的要素。根据这一假设，对于一个有待认识的对象来说，概念形成的形式原则仅只表现在把概念要素整合为关于相关对象的概念的那种方式中，而不是表现在概念要素本身中，而且，这一原则必须与对这个对象的科学描述的原则相一致。只有这样，我们才能得到这样一种提出问题的方式，使得我们有可能按其形式结构对各种不同的方法做出比较。对于科学方法来说，决定性的形式特征必定存在于把现实纳入到科学中的那种概念建构之中。所以，为了理解一门科学的方法，我们必须了解其概念建构的原则。这样看来，我们的术语既是易懂的，同时又是合理的。如果认识的东西和理解的东西一样多，那么，认识的成果就存在于概念中。

这样，人们针对概念一词的使用所提出的各种异议就被彻底驳倒了。[①]如果认为这里涉及的不仅仅是一个术语问题，是不准确的。概念建构应当始终被理解为要素的整合，无论这些要素本身

① 参见弗里什埃森·科勒（M. Frischeisen-Koehler，1878—1923，德国哲学家、心理学家和教育家。——译者）：“对李凯尔特历史逻辑的几点评论”（Einige Bemerkungen zu Rickerts Geschichtslogik），载《哲学周刊和文学报》（Philosophische Wochenschrift und Literaturzeitung），1907年，第8卷。

是否已经是概念。需要阐明的仅仅是这种概念建构的诸原则，因为只有在这些原则中，而不是在被用作“要素”的概念中，以实在世界为研究对象的诸经验科学之间本质的、逻辑上的区别才能显露出来。如果人们把运用概念建构新的概念叫作“描述”，从而只承认“方法”上的区别，不承认“概念建构”上的区别，那么，他们就既不能谈论引力“概念”，也不能谈论意大利文艺复兴的“概念”。不管怎样，当务之急是：用何种原则把一个科学概念的成分或要素整合起来。

六　自然科学方法

对于通常的观点来说，一切科学的概念建构或描述的本质首先在于：人们力求形成**普遍**概念，使不同的个别形态作为“样本”隶属于这些概念。于是，事物或事件中本质的东西就是那些它们与同一个概念之下的对象所共同具有的东西，而一切纯然**个别的**东西作为“非本质”之物，是不能一同进入科学之列的。我们在工作中所使用的前科学的词义，除了专有名词之外，其实就已经或多或少地是普遍性的，而科学在一定程度上则可以被看作对于实在的理解——这种理解是在没有我们参与的情况下就已经开始的——的一种继续和自觉发展。所以，或者概念是通过对**经验所与**的对象进行比较而得到的，或者概念也能够达到这样一种广泛的普遍性，以至于它们远远**超出**了直接的可经验之物。至于这一点是如何可能的，不是我们在这里所要关心的内容。我们只需指出下面一点就够了：在这种情况下，概念的内容是由所谓的**规律**组成的，就是说，是由对于现实的相对广泛的领域——从来没有人通观过现实的全貌——所下的**绝对**普遍的判断组成的。所以，概念的普遍性时而大一些，时而小一些，因而离特殊的、个别的东西时而**有些**远，时而又可能有些近，近到只包含一个小范围的对象。不过，在下述意义上，概念始终是**普遍的**：它们舍弃了一切

使一个现实成为一个单一的、特殊的现实的东西。因此，科学不仅以其概念性与直观性形成对照，而且以其普遍性与现实的个别性形成对照。

在亚里士多德的逻辑学——迄今为止，几乎所有的逻辑研究在这一点上都是依循这种逻辑学的——中，科学的概念建构就是按照上述方式来理解的，而且只能这样来理解。无论近代的规律概念与古代的类概念之间的差别有多大，亚里士多德的逻辑学在今天看来似乎和从前一样适用：根本不存在一门关于单一之物和特殊之物的科学，一门就其单一性和特殊性描述单一之物和特殊之物的科学。毋宁说，一切对象都隶属于普遍概念，如果可能，也隶属于规律概念。

一切科学的形式特征真的都是由这种概念建构方式决定的吗？

如果人们要把概念仅仅理解为科学用以形成自己的概念的“要素”，此外，如果人们假定：从普遍的要素中只能形成普遍的概念，那么，对上述问题必须给出肯定的回答。科学概念的最终要素无论如何都是普遍的，所以，人们只能从普遍的要素中形成一个概念，因为科学所使用的词汇必须具有普遍意义，以便这些意义能够为所有人所理解。因此，从概念要素方面来看，在科学方法中不可能存在任何形式上的差别。毋宁说，这个问题只能这样来问：由这些普遍要素所形成的科学概念，是不是同样始终是普遍的。只要我们只把自然科学的方法列入考虑范围，对这个问题也必须给出肯定的回答。因此，我们必须仅在康德的意义上，亦即在形式的或逻辑的意义上使用“自然”这个词，而不是局限于物体世界。事实上，根据这样的假设，认识自然就意味着从普遍要素中形成普遍概

念，如果可能，对现实做出绝对普遍的判断，亦即发现自然规律的概念，而自然规律的逻辑本质就决定了：它们不包含任何只有在这个或那个单一的、个别的事件中才能被找到的东西。

人们至多是在下述情况下才会否认这是自然科学的操作程序，即如果人们对普遍性概念理解得过窄，或者只想到一种特殊类型的普遍化。鉴于这种情况业已出现，而且由此对于这里所提出的思想产生了异乎寻常的误解，我打算再用几句话对自然科学概念的“普遍性”做些说明。

如果一个概念中不包含这个或那个特定的、单一的现实的任何特殊性和个别性，我们就说这个概念是普遍的，而且，我们不考虑普遍概念形成的过程中存在的种种差别。我们也很少关心这样的问题：这里所涉及的是关系的概念还是物的概念，尽管对于逻辑学来说这些差别可能是非常重要的。我们在这里必须以普遍概念中的一种完全普遍的概念为基础，因为问题的关键在于：认识那些为全部自然科学所共有的东西。因此，人们不应只考虑比如这样一种概念建构：它把为特定的多数样本所具有的共同性，概括为“比较的抽象概念”。事实上，没有人会否认，这种分类形式仅限于一部分自然科学。还有另一种达到普遍概念的方式。例如，自然科学能够通过实验在一个单个的对象中发现概念，甚至发现它所寻求的规律。人们可以把它作为“孤立的”抽象概念与那种比较的抽象概念区分开来。不过，如果在一个对象上形成的概念，只适用于这一个对象，那么，也可以认为这种抽象并没有完全达到自己的目的。所以，这样的差别在这里可不予考虑。概念或规律应当始终适用于尽可能多的对象，因而彻头彻尾是普遍的。

毫无疑问，关于一个对象的普遍化的自然科学知识，并没有排除对个别部分或细节的广泛关注。如果人们想到的仅仅是对相当多的所与现实的共同点进行概括，那么，就可能引起这样的错觉：仿佛略去了个别的东西的自然科学，它从事物纳入自己概念之中的东西，要少于我们对这些事物已经知道的东西，或者仿佛这种普遍化完全是一种"在现实面前的逃避"。所以，不能这样理解"科学必须简化现实"这个命题。毋宁说，每一门科学都试图更为深入地研究现实，都想从现实中明确地认识到比已知的更多的东西。这一点应当是不言而喻的。因此，也不应把普遍化与"分析"对立起来。这只不过意味着：再详尽的分析也不能穷尽现实内容上的多样性；此外，在对其分析结果的最终描述中，自然科学不会考虑所有那些只存在于这个或那个特殊对象中的东西；因此，即使在分析一个个别情况的道路上，自然科学也总是能够达到普遍概念。[①]

此外，自然科学为了认识它的对象，无疑需要不满足于一个普遍概念。它常常也要致力于对于一个概念来说是非本质的"剩余物"(Rest)，以便将其纳入新的概念之下；这一步完成之后，它可能

① 我必须向里尔(Alois Riehl，1844—1924，生于奥地利，新康德主义实在论学派的代表。——译者)，特别是向弗里什埃森·科勒强调这一点。科勒在几篇同样标题的论文[《系统哲学文库》(Archiv fuer systematische Philosophie)，第12卷和13卷]和《科学与现实》(Wissenschaft und Wirklichkeit，1912年)一书中，对拙作《自然科学概念建构的界限》提出了极为详尽的批评。他相信我有这样的想法，即非常严肃地把自然科学与"在现实面前的逃避"等同起来。这使我多少有些吃惊，因为除此之外他的阐释都是严肃客观的，而且，我也愿意承认这些阐释的洞察力。甚至就连他的种种误解在某种程度上对我都是富有启发的，因为它们使我注意到：对于一个认真的读者来说，我在若干内容的处理上还不够详尽。因此，接下来我还会不止一次参考他的批评，只要这种做法与本书的特征相一致，即避免过于详尽的逻辑上的专门研究。也可参见拙作《自然科学概念建构的界限》，第二版，第188页以后。

再次需要对第二次分析中遗留下来的剩余物进行第三次研究。从形式的观点来看，下面一点是晦暗不明的，即：为了完成概念建构，自然科学必须在多大程度上研究现实内容的多样性，因为这取决于不同的分支学科为自己制订的不同的目标和目的。但是，首先，无论有多少概念可以借助，无论这种分析可以走多远，无论现实有多少迄今未知的个别部分被揭示出来，自然科学绝不能通过概念描述所研究对象的全部特性，因为特性的数量在每一个异质的连续性中都是不可穷尽的。其次，无论它通过多么丰富的概念建构而拥有多么详尽的知识，自然科学始终把只为一个单一对象所固有的东西看作是非本质的，所以，即使把在个别现实中形成的自然科学的全部概念加在一起，也绝不能再现哪怕一个单一的实在对象的特殊性和个体性。如果有人相信相反的情况，那么，他就必定和柏拉图一起把普遍之物看作现实之物，他在特殊的、个别的东西中便只能看到普遍性的复合体。不过，在今天看来，这种概念实在论已经过时了。只有在特殊的、个别的东西中，我们才能拥有现实之物，后者绝不能从普遍的要素中建立起来。

于是，在概念的内容和现实的内容之间出现了一条鸿沟，鸿沟的大小与存在于普遍之物和特殊之物之间的鸿沟相当，而且，这是一条无法填平的鸿沟。尽管如此，我们还是能够把自然科学的成果应用于现实，就是说，借助于这种成果在我们的环境中为自己定向，对现实进行计算，甚至能够通过技术取得对于现实的支配权。人们不应对这样的事实感到奇怪，更不应将此看作对我们的观点的反驳。[①]

① 参见弗里什埃森·科勒的批评，《科学与现实》，第 158 页以后。

这种应用绝不能触及个别之物和特殊之物本身。我们只能对现实之物中的普遍之物加以预测，并且恰恰是通过这一预测，我们才能在现实之物中找到头绪。如果世界不是以一般化的方式被简化，就绝不能对其加以计算和支配。个别的、特殊的东西所具有的无限的多样性，每每使我们茫然不知所措，除非通过一般化的概念建构消除这种多样性。借助于一个关于个别内容的概念，我们绝不能超出这一个地点，达到其它的场所和其它的时间。因此，恰恰是自然科学概念的普遍性，以及这个概念和单个的现实之物之间的鸿沟（我们在这种普遍性和鸿沟中发现了自然科学概念的理论本质），构成了这个概念的实际应用的一个必要前提。同样，为了表明科学思想仅仅服务于实际利益，“实用主义”也求助于概念的简化。尽管这种学说中所包含的功利主义可能是错误的，尽管概念对于现实之物的理论“力量”很少能够被实用主义地加以理解，下面的看法仍然是正确的：如果概念的内容与个别的东西相吻合，我们就既不能用它去构造自然科学理论，也不能把它运用于实际生活。

只有当人们不注意现实之物的个别性时，他们才能够忽略自然科学与现实之物之间的鸿沟。谁要想把自然科学的概念用于个别之物本身，谁马上就会遇到一个无法逾越的界限。毫无疑问，医生是根据自然科学知识做出诊断的，并且可能据此为其个别的病人提供服务。他可以把特殊的病例隶属于普遍的疾病概念，因而去做就他所知在一般情况下常常有效的事情。因此，他绝对需要一般化。不过，另一方面，恰恰那个聪明的医生一定十分清楚：现实中根本没有什么“疾病”，只有患病的个体；因此，他在自己的工作中仅仅凭借自然科学书本上的知识往往是不够的。他还必须懂得个别化，而这是自然科学永远不能教给他的。简言之，自然科学概念应用于现实生活的可能性，以及这种应用的固有界限，再一次表明了自然科学概念建构的特征，即它是一种一般化的程序。用柏格森的一个形象的比喻来说，自然科学只制作既适合保罗又适合彼得的批量生产的衣服，因为它们不是按照这两个人的身材制作的。如果它想"量体裁衣"，它就必须为它所研究的对象付出一份新的劳动，而这是与自然科学的本质相冲突的。自然科学只有在这样的情况下才会停留于个别的东西：它还没有在个别之物中找到它所隶属的普遍之物。就此而言，人们不得不说：现实的特殊性构成了任何自然科学概念建构的界限。

事实上，偶尔也会出现这样的情况：只有一个单一的样本，自然科学可以据此形成它的概念。但这种情况也不应使我们低估这样一点：尽管有马上会提到的一个罕见的例外，这些概念不可能具有只适用于这一个样本的意义。在这些情况下，就自然科学概念的逻辑结构而言，概念的经验范围只由一个样本组成这一点可以说纯属偶然，因为尽管如此，概念的内容仍然可以应用于任意多的样本，因而是一个普遍的类概念。例如，在人们只了解"始祖鸟"(Urvogel)的一根羽毛的时候，这根羽毛对于一个类的形成就具有重要意义，其情形就和现在人们已经找到了这个类的两个样本一样。因此，当"始祖鸟"(Archaeopteryx)概念的经验范围还未曾由一个完整的样本组成的时候，这个概念在逻辑上就已经是普遍的了。所以，基于所有这些理由，我们可以把自然科学方法叫作一般化的方法，以期借此把形式的自然概念呈现出来。自然知识旨在一般化。自然知识的逻辑本质即在于此。

不错，在天文学的若干部门中，一些个别的天体构成了一个例外。不过，一种更为精确的研究表明：这种例外也不能废除上述普遍规则(Regel)，因为这样一种一次性事件在一门规律科学中所起的作用，是由全然特殊的环境决定的，因而仅限于被明确划定的范围之内。在这个领域，就像在物理学中一样，数学同样是十分重要的。对此，我们打算以后再谈。

如果暂时撇开这些情况不论，我们很快就会看到：所有逻辑意义上的自然科学或一般化学科，如何由于这种概念建构而被划分出来，联合成为一个具有共同目标的统一的整体，每一门特殊的科学则在自己的领域内为这个目标的实现贡献力量。

对于一般化的科学来说，现实首先分为两种实在(Realitaet)：一种充满一个空间(在此必须强调“充满”一词，因为单纯广延性的“物体”不是现实的)，一种则不充满一个空间(尽管也绝不能因此就认为它完全是“非空间性的”)。如果我们撇开唯物主义的不切实际的愿望不论，一般化的专门研究均坚持物理的存在与心理的存在的严格区分。它们出于概念建构的需要必须这样做，尽管在某种程度上广延之物与非广延之物的区分本身也不过是一种概念的、而且是一般化的抽象的产物。[①] 这些专门研究不能把这两种对象纳入一个统一的概念体系，因为它们的概念是相互排斥的。

① 也可以通过另一种方式把物体的东西与心灵的东西区分开，例如，把我们所有人共同体验到的东西叫作物体的，相反，把为每个个体单独所有的东西叫作心灵的。不过，我们在这里并不想考虑这种区别，而是仅仅表明：这种区别与本文中所讨论的区别是不同的。我们在此也无意考虑涉及物理的东西和心理的东西同价值之间的关系的第三种区别，这种区别对于“精神”概念来说才是重要的。

它们只能在每一个系列分别得到一般化理解之后，再尝试着把一个系列明确地归于另一个系列。如此看来，对于一般化的科学来说，就有两个不同的研究领域，与此相应，也必定形成两个一般化的专门科学系统：一个处理物体的现实，另一个处理心灵的现实。不过，就其逻辑的、亦即形式的结构而言，这两个系统是完全相似的，对于物体的或精神的事件的每一种专门研究都能在这些系统中找到自己的位置。

如果我们认为这两个系统都是既成的系统，那么，无论是在物体科学（Koerperwissenschaften）中还是在心理学中，都存在这样一种理论：它囊括了为所有物体之物或所有心灵之物所共有的东西，因而是借助于可设想的最普遍的概念开展工作的，这样，这些科学就可以按照其最终概念的或多或少的广泛性和普遍性程度进行分类。在相关的领域中，都能够形成一个概念或规律系统，这个系统只对这个相对特殊的领域有效，而为了形成这个系统，必须对最细微的细节进行深入的观察。但是，即使在这里也必须处处着眼于一个概念对本质之物进行选择，与纯然个别的东西相比，这个概念始终是普遍的。所有这些相对特殊的概念建构，就如同柏拉图的概念金字塔，联合成为一个统一的整体，因为这种金字塔式的逻辑结构不受概念类型的影响：无论它们是类概念还是规律概念，物的概念还是关系的概念。在每一个系统中，最普遍的概念都规定着专门的工作，只要这在原则上并不排除把普遍性较小的东西隶属于最普遍的东西。

因此，设想一个原则上不符合规律的事件，这是与任何一门一般化科学的含义相矛盾的。对物体科学来说，甚至只有那些原则上与力学观点相容的概念建构才是有价值的，所以，“活力论的”理论并没有能够使问题得到解决，只不过使问题变得愈加晦暗罢了，虽然生物学没有一些相对特殊的概念是不行的。[①] 迄今为止，心理学还没有成为一种公认的关于心灵生活的理论，由于这个原因，它在体系的完善程度上还远远落后于物体科学。不过，二者之间的区别不是原则性的，而是程度上的。在细节和逻辑上心理学可能不同于物体科学，但它无论如何都要使用一种一般化的、因而在逻辑意义上是自然科学的方法。

当然，不应就此就说：把在物体科学中经过检验的程序不加批判地移植到心理学中去。在细节方面，任何一种科学的研究方法都必须以其对象所具有的内容上的特征为旨归。在这里，问题的关键是：这些特征是否具有这样一种逻辑意义，以致它们排斥自然科学所使用的那种一般化的概念建构。正如我打算在一个特殊的地方所表明的那样，上述结论是不能从所研究的心灵生活的本质中推论出来的。

人们常常提到使体验到的心理存在区别于物体世界的那种统一的关联，并由此推论出描述这种心理存在的方法。事实上，对于这样一种“统一性”，是不应加以怀疑的。不过，人们还必须准确地指出这种统一性究竟何在；如果这种统一性确实对于自然科学方法提出了一种抵抗，那么，人们必须指出：这种抵抗是否源于心理存在的本质，或者，这种抵抗是否不能从如下一些完全不同的因素

① 关于这个问题，请参见理查·克罗纳(Richard Kroner，1884—1974，德国哲学家，新黑格尔主义者。——译者)：《生物学中的目的与规律：一种逻辑研究》(Zweck und Gesetz in der Biologie. Eine logische Untersuchung)，1913年版。

推导出来：它们或者根本不属于一门经验科学，或者只能从心灵的文化生活的特征中才能得以理解。

例如，人们可能会谈论一种“意识”的统一性，并且把它与物理实在的多样性对立起来。然而，这里涉及的是认识论概念，因而这种纯粹形式的统一性并没有以一种原则上与物理方式不同的方式把心理的多样性统一起来，因此，这种形式对于心理学方法来说根本不在考虑之列。鉴于心理学的概念建构只涉及心理现实的内容，所以，意识的逻辑统一性绝不能成为这种概念建构的对象。不错，任何一门经验科学都不会致力于这种形式，因为它属于任何一种经验的逻辑前提。

然而，实际上，这不是心灵生活所显示的唯一的“统一性”。人们可能还会提到另外一种“关联”，由于它的存在，人们不能像处理物理要素那样，从概念上把心理要素孤立起来，也不能对心灵存在做一种原子化的处理。所以，这种关联导致了概念建构的原则上十分重要的逻辑特征。不过，这一点同样是尚不明确的。这种关联的统一性可能基于这样的情况：如果不考虑它所隶属的身体，就无法对心灵生活进行考察；于是，这个身体就作为有机体进入了考虑之列，身体又把它的统一性传递给与之相联系的心理存在。或者，这种统一性是这样得来的：人先确立价值，进而按照这种价值把其心灵生活联合为一个统一体。人们必须对心理生活中这两种“关联”加以仔细区分，即使他们假定：只有通过一个有目的的心灵本质才能把一个身体理解为有机体，也只有通过反向传递才能形成心灵生活的“有机”统一性。

在有机统一性的第一种情形——价值在这里不起任何作

用——中,无论统一性是从身体传递到心灵生活的,还是最终源自心灵生活本身的,这种统一性无疑构成了心理学方法论的一个重要问题。这个问题可能还没有引起足够的重视,事实上,这个问题的解决完全可以排除一种"力学"的或原子化的心灵生活观念,正如可以排除一种纯粹力学的有机体观念一样。有机体无疑不能被理解为纯粹的机械装置,因为那样的话它们就将不再是"有机体"了。生物学总是会显示出一些特殊的概念建构原则,这些原则不能被完全追溯到纯粹物理学观察的原则。[1] 与此相应,人们也可以说:一种与纯粹的力学理论相类似的理论是不能理解心灵生活的;因此,只有在与心灵整体的统一性的关联中,才能够对任何一个心理事件进行研究。不过,尽管这一点可能是正确的,它并没有在原则上阻止心理学使用一种在逻辑的或形式的意义上属于自然科学的方法,正如它没有禁止用自然科学的方法去处理有机体一样。因此,这种心灵生活的"有机统一性"对于我们的研究没有任何意义。

只有当人们从价值的角度考虑这种统一性时,他们也许才会声称:一般化的观察必定会破坏这种统一性,所以,对统一的心灵不能仅用自然科学的方法进行研究,因为这样做就会切断与价值的联系。但是,由此并不能证明:这样的心灵生活是拒绝自然科学见解的,或者自然科学所无法理解的统一性源自心理之物的本质;能够证明的仅仅是:一定种类的心灵生活,由于它自身所固有的意

① 参见《自然科学概念建构的界限》,特别是第456页以后,第二版第405页以后。关于非价值性的目的论概念,我在这里不能做进一步的讨论,而且,这个概念对于理解接下来的内容也并不是不可或缺的。

义，不能被一般化地加以详尽处理。这样一种可能性是决不应当加以否定的。正如我们将要看到的那样，毋宁说文化科学的问题即在于此。然而，只有当把对于方法的纯粹逻辑的和形式的区分，与对于自然和文化的质料分类原则联系起来时，我们才能着手处理这个问题。眼下重要的仅仅是表明这样一点：那种仅仅着眼于心灵的，而非物体的方面去研究心灵生活的科学，没有任何理由不使用逻辑意义上自然科学的，亦即一般化的方法。由此可以得出以下结论：每一种现实——心理的现实也包括在内——作为自然都可以被一般化地加以理解，因而也一定能够被自然科学所理解。否则，根本无法形成一个包含全部心理-物理自然的概念。

七　自然与历史

可是，如果我们把自然科学的概念理解得如此宽泛，以致它与一般化科学的概念是重叠的，那么，在认识实在的感觉世界时，还会有一种不同于自然科学方法的其它方法吗？正如我们已经看到的那样，为了筛选出本质的东西，科学需要一个指导原则。通过经验的比较对共同之物所做的概括，或者以自然规律的形式对普遍之物所做的描述，都为科学提供了这样的指导原则。如果物体的事件和心灵的事件都能够而且必须按照这种方式加以研究，如果没有第三个现实之物的领域，那么，从形式的观点来看，留给科学的任务还有什么呢？因此，关于现实之物的科学的概念，看起来就是与自然科学——就这个词最宽泛的、形式的含义而言——的概念相重叠的。任何处理实在的存在的科学都必须这样开始：发现其研究对象所隶属的普遍概念或自然规律。在某些方面，人们可以引证亚里士多德来支持这种观点。不仅自然科学，而且科学本身都是一般化的。

事实上，如果有人想根据自然与精神的对立来划分两类专门科学，他是找不到支持这种观点的任何有说服力的论据的，只要他所理解的“精神”是心理的东西。当人们试图从心灵生活的特征中推导出一些理由，从而使他们相信无法按照自然科学方法进行自己的研究时，他们或者至多只能找到一些逻辑上次要的区别，这些

区别不足以在自然科学和精神科学之间树立一种原则性的、形式上的对立，也没有在逻辑意义上超出自然科学这个概念；或者他们运用了形而上学的论断，但即使这些论断是对的，对于方法论来说也没有任何意义。例如，与受制于因果律的自然相反，精神生活应当是“自由的”，因而不应当服从规律，因为规律性的概念与自由的概念是相矛盾的。

这样的论断只会使人们在知识论中引起混乱。如果这个问题真的取决于自由或者因果必然性，那么，穆勒[①]就有理由为只有自然科学这一点而欢欣鼓舞了，因为人们绝不会由于一个形而上学的自由概念就拒绝这样的尝试：用描述物体世界那样的方式，把经验所与的心灵生活描述为合乎规律的东西，更何况自由绝不能妨碍经验的一般化方法。因此，无论心理学在个别方面与物体科学有多大的区别，它的最终目的始终是：把特殊的、个别的事件纳入普遍概念之下，并且尽可能去探求规律。就逻辑的和形式的意义而言，心理生活的规律必定也是自然规律。因此，无论就自然与文化的区别而言，还是就其一般化方法而言，心理学在逻辑上都被视为一门自然科学。下面的事实已经对这个问题做出了裁决：迄今为止，经验心理学的所有成就都是用自然科学的一般化方法取得的。

因此，如果说在专门研究之内，还应当有一种关于实在世界的概念建构，它与自然科学的概念建构有着原则上的区别，那么，这种建构也不能建立在“精神”生活亦即心理生活的特征之上，无论

---

① 穆勒：《演绎逻辑学和归纳逻辑学体系》(System der deduktiven und induktiven Logik)，施尔(Schiel)德译本，1877 年第四版，第二卷，第六章：“精神科学的逻辑”(Von der Logik der Geisteswissenschaften)。

就形式分类原则还是质料分类原则而言，这一点都将是非常清楚的。毋宁说，只有逻辑学能够期望达到对于现存的专门科学的理解，它放心地把心灵生活转让给了一般化的自然科学。不过，它也同样明确地提出了这样的问题：除了对于自然科学方法具有决定意义的一般化的概念建构原则之外，是否还存在第二种与之有原则区别的形式的观点，以一种完全不同的方式把实在之物中本质的东西与非本质的东西区分开来。依我之见，任何一个想通过观察现有的研究而对其逻辑理论进行检验的人，首先都绝不会忽略这样的事实：有一种在形式上不同的科学方法。如果这个事实与传统逻辑学不符，这对逻辑学来说就更加不利。

有这样一些科学，它们的目标不是提出自然规律，甚至一般说来不仅仅是形成普遍概念，这就是历史——就这个词最为宽泛的意义而言——科学。这些科学不想制作既适合保罗又适合彼得的“批量生产的服装”，就是说，它们要在其个别性中去描述那种绝不是普遍的，而始终是个别的现实。一旦着眼点放在这种个别性上，自然科学概念就必然会失效，因为它的意义恰恰在于：通过它把个别的东西作为“非本质”之物剔除出去。在对待普遍之物的态度上，历史学家们会同意歌德的说法：“我们利用它，但我们并不喜欢它，我们只中意个别的东西”。无论如何，只要有待研究的对象作为整体是成问题的，历史学家们就会乐意对这些个别的东西本身进行科学的描述。如此看来，对于一门不是想战胜科学，而是想理解科学的逻辑学来说，下面一点是毋庸置疑的：亚里士多德的观点——几乎全部近代逻辑学，甚至一些历史学家都赞同这种观点——一定是错误的，这种观点就是：逻辑学不要把特殊的东西和个别的东西纳入科学概念之中。历史科学如何描述它所处理的现实之物的特殊性和个别性，眼下仍是一个悬而未决的问题。鉴于这样的现实因其无法计算的多样性不能进入任何概念，鉴于所有概念的要素都是普遍的，所以，关于一种个别化的概念建构的设想，现在看来一定是成问题的。不过，不可否认的是：历史学的任务就是对一次性的、特殊的、个别的东西本身进行描述，人们必须从这一任务出发去说明它的形式本质。由于关于科学的所有概念都是关于各种任务的概念，人们只有从科学为自己设定的目标出发进入到它的方法的逻辑结构，才有可能对它做出合乎逻辑的理解。这才是通往目标的道路。历史学不愿像自然科学所做的那样使用一般化的方法。对于逻辑学来说，这是具有决定性意义的一点。

近来，至少从这个方面——尽管在某种程度上只是否定的一面——看来，自然科学方法和历史方法的对立已经得到充分说明。我已经说过保罗对规律科学和历史科学所做的区分。我不想一一列举其它阐述这个问题的著作，我在这里只想提一下文德尔班的观点。[①]

① 文德尔班：《历史学与自然科学》(Geschichte und Naturwissenschaft)，1894 年版。原样收入《序曲集》(Praeludien)，1915 年第五版，第二卷，第 136 页以后。叔本华是最早清楚地认识到自然科学与历史学之间最普遍的逻辑区分的人之一。不过，像在他之后的很多人所做的那样，他用这个观点只是为了否认历史学具有科学的特征。持肯定态度的重要著作有：弗里德里希·哈姆斯(Friedrich Harms，1819—1880，德国哲学家。——译者)：《历史中的哲学：心理学史》(Die Philosophie in ihrer Geschichte I, Psychologie)，1878 年版。纳维尔(Henri Adrien Naville，1845—1930，瑞士哲学家。——译者)：《科学分类》(De La classification des sciences)，1888 年版和 1920 年修订版。齐美尔(Georg Simmel，1858—1918，德国哲学家、社会学家。——译者)：《历史哲学问题》(Die Problem der Geschichtsphilosophie)，1892 年版，不过，其主要观点直到该书第二版(1905 年)才得到完全清楚的阐述。详见拙著：《自然科学概念建构的界限》，第二版，第 266 页以后。

他提出了两种并列的方法，一种是自然科学的“制定规律的”(nomothetisch)方法，一种是历史学的“描述特征的”(idiographisch)方法，亦即旨在描述一次性的、特殊的东西的方法，并且加了这样一个限定：制定规律的方法必须不仅致力于发现最严格意义上的规律，而且致力于形成经验的普遍性概念，这无疑是正确的。为了获得纯粹逻辑的、因而纯粹形式的自然和历史——它们所指的并不是两种不同的现实，而是从两种不同的观点所看到的同一个现实——这两个概念，我本人曾经尝试着按照科学的方法，就科学分类所涉及的逻辑的基本问题做如下表述：如果我们观察其普遍的方面，那么，现实就是自然；如果我们观察其特殊的、个别的方面，那么，现实就是历史。[①] 相应地，我打算对自然科学的一般化方法和历史学的个别化方法做一番对比。

在这种差别中，我们就能找到所要寻求的关于科学分类的形式原则。谁要想真正从逻辑上探究知识论，谁就必须以这种形式的差别为基础，否则，他就绝不能理解经验科学的逻辑本质。下面是一个人们常常抱怨、却又无法取消的事实：专门研究中实际进行的科学的概念建构，是向这两个在逻辑上相互对立的方向分裂的，因此，知识论首先必须考虑的就是这种分裂，而不是任何事实上的区别。[②] 常常听到这样的说法：一切科学都是统一的，不可能有多种真理；或者，历史学不是“科学”，因为它不进行一般化。这种泛

① 《自然科学概念建构的界限》，1896 年版，第 255 页；第二版，第 224 页。

② 毫无疑问，首先考虑形式的差别，并没有排除稍后考虑事实的差别。因此，人们就不应当说：科学不是按照形式的观点，而是按照事实的观点进行分类的。就人们心目中的目标而言，这两种观点同样都是有根据的。

泛的空话对于逻辑学是没有什么用处的。毫无疑问，一切经验科学都同意：它们要对感觉世界的实在存在做出真实的判断，就是说，它们要描述的只是现实存在的对象，而不是幻想的产物。就此而言，只有一门统一的科学，它的研究对象就是这一个现实。然而，这里所针对的是科学的内容，而不是科学的形式，因此，对于只限于形式的逻辑学来说，这不过是一个默许的前提。此外，还有一系列这样的思想形式：无论何处，只要人们想把一个经验现实纳入科学概念之中，就必须仰仗它们。但同样确定的是：科学为自己确立了在形式上彼此不同的一般化和个别化目标，因此，为了实现这些目标，也必须有在形式上彼此不同的概念建构方式。当然，如果有人想把"科学"这一名称仅仅用于一般化观点的产物，这是无可非议的，因为通常说来这样的术语规定是无关乎真假的。但是，人们不能声言：这个不允许把兰克[①]和所有伟大历史学家的著作算作"科学"的术语，是一个特别合适的术语。毋宁说，人们应当努力形成这样一个科学概念：它把一般被叫作科学的学科都囊括其中。为了达到这个目的，人们应当首先考虑这样的事实：科学并不是到处都显示出这种形式的自然科学方法或一般化方法。

让我们首先用实际例子对此做出更加明确的阐释。为了达到

① 利奥波德·冯·兰克(Leopold von Ranke,1795—1886)：19世纪德国最著名的历史学家，客观主义史学创始人，也是西方近代史学的重要奠基人之一。主要著作有：《拉丁和条顿民族史》《英国史》《法国史》《教皇史》等。——译者

这个目的，我们对下面两种著名描述做一对比：一个是贝尔[①]所做的关于鸡的胚胎发育的描述，一个是兰克所做的关于16和17世纪罗马教皇的描述。在第一种情况中，无限多数量的对象被纳入一个普遍概念的体系之下，以便该体系适用于这些对象中的任何一个样本，并且把经常反复出现的东西描述出来。而在另一种情况中，被理解的则是一系列特定的、一次性的现实，其方式是：把每一个个别之物的特殊性和个别性表达出来，把在任何地方都不会再次出现的东西描述出来。从任务的这种区别中，必然会产生一些在逻辑上不同的思想方法和思想形式。和每一个从事自然科学的人一样，贝尔对不同的对象所共同具有的东西加以概括，其思想成果就是普遍的类概念。与此相反，兰克必须把他要描述的每个教皇纳入一个特殊的概念，为了达到这个目的，他就必须形成具有个别内容的概念。鉴于这两种描述所特有的思想目的和思想形式恰恰是相互排斥的，所以，它们所使用的方法就会存在原则性的、逻辑的差别，对此人们是不能加以怀疑的。当然，这两个例子是这样被挑选出来的：我们同时还可以从中看出一些其它的东西。如果一种描述着眼于其对象的共同性或普遍性，而另一种描述则着眼于其对象的特殊性和个别性，那么，很显然，诸经验科学的方法之间可能有的最大的逻辑区别在这里就表达清楚了。就对经验现实的描述而言，不可能有第三种科学目标：它在逻辑上或形式上与上述两种目标有原则性区别，就像这两种目标彼此之间的区别那

① 卡尔·安斯特·冯·贝尔（Karl Ernst von Baer，1792—1876）：德裔俄国生物学家、人类学家和地理学家，比较胚胎学的创始人。著有《论哺乳动物和人卵的起源》（1827）和《动物的发育》（1828）等。——译者

样。因此，在对研究现实之物的学科进行划分时，知识论必将把上述区别看作专门研究之全部科学的概念建构在形式上的主要对立，除此之外，其它的区别在逻辑上都是次要的。所以，知识论将通过下述说法对经验科学进行划分：一切以现实之物为认识对象的专门科学活动，或者形成普遍的概念，或者形成个别的概念，或者形成这两种概念的混合物。不过，由于只有纯粹形式得到理解之后，混合形式方能得到理解，所以，知识论首先要处理的仅仅是两种主要的概念建构方式，即一般化的方式和个别化的方式。

令人费解的是，为什么有人竟会对这一原理持有异议。人们至多可能会怀疑：是否有理由把上述纯粹形式的区别等同于自然科学方法和历史学方法的对立；或者毋宁说，是否不应在一种过窄的意义上使用“历史”这个词。不过，这些问题是不难回答的。

所有人都会把贝尔的研究叫作自然科学的研究；至于把一般化的概念建构等同于自然科学概念建构的理由，我们已经有所了解。对“自然”一词的这种逻辑使用与康德的术语相一致，这同时就为这种使用赋予了其历史的正当性。用历史学方法这个术语去表示那些以现实的特殊性和个别性为研究对象的科学方法，这样的做法也同样是有根据的。如果人们把兰克关于教皇的著作叫作一种历史研究，那么，人们一定也会想到：这里处理的是精神的事件，并且特别是人的文化生活。然而，如果人们撇开这些内容上的规定（为了获得一个逻辑概念，这是人们一定要做的），那么，“历史学的”一词就始终包含一种确定的、普遍可理解的含义，而这正是此处所采用的含义。

当然，语言用法并非是一成不变的。人们会谈论“自然史”，而“发展史”这个术语通常恰恰指的是这样一些研究：在那里——就像在贝尔对鸡的发育所做的描述中那样——人们可以弄清自然科学方法的逻辑本质。不过，这些纯属例外情况。当一个人脱口说出“历史”的时候，他所指的始终是一件事情的一次性的、个别的过程，而且，哲学中通常的做法恰恰就是：把作为特殊之物的“历史”(das Historische)与作为普遍之物的“自然”对立起来。“历史”权利(historische Recht)是一次性的、个别的权利，相反，“自然权利”(Naturrecht)则是为所有人所共有或应当为所有人所共有的权利。“历史”宗教是一次性的、特殊的宗教，相反，“自然”宗教则被认为是这样一种宗教：它被赋予具有普遍本性(Natur)的每一个人。此外，当18世纪的理性主义——它所看重的仅仅是那些可以被纳入普遍概念之下的事物——轻蔑地谈论“单纯”历史的东西时，它同样是把历史的东西等同于一次性的、个别的东西，而且，这种语言用法也一直延续到了德国唯心论哲学之中。但这只能为下述做法提供一个新的根据：把逻辑意义上历史的东西等同于一次性的、特殊的和个别的东西。当康德及其后继者同样轻蔑地谈论单纯历史的东西时，这表明：尽管他们在历史思想方面比启蒙运动取得了长足的进步，但就对历史的逻辑的把握而言，他们至多还处在起步阶段。

总之，把个别化的历史学方法和普遍化的自然科学方法进行对照，这绝不是一个独断之举。毋宁说，在人们接受康德关于自然的逻辑概念的同时，他们也要求这个关于历史的逻辑概念。无论如何，我们只有这样才能获得一个适用的出发点，以便对经验科学进行逻辑研究。逻辑学的任务首先在于：从历史学的科学目标——这个目标就是：对一个现实之一次性的、个别的过程进行描述——出发，去理解达到这一目标的必要手段，亦即这里所运用的个别化的思想形式。凡致力于理解专门科学的全部活动的人，都不会否认这一点。只有这样的人才会反对把历史方法等同于个别化方法：他们像自然主义的拥护者所做的那样，不是基于事实上已有的科学，而是去设想一个关于“科学”的概念。

八　历史学与心理学

如果我们把自然科学和历史学树为形式上的对立面，那么，我们就必须这样说：撇开少数已经提及的例外情况不谈，自然科学的目的是用它的概念去统摄大多数，甚至可能是无限多数不同的对象，而历史科学则谋求使它的描述只适合于它所研究的一个与众不同的对象，无论这个对象是一个人格还是一个世纪，一个社会运动还是宗教运动，一个民族还是其它什么东西。历史科学期望借此使听众或读者尽可能地接近它要表达的唯一的事件。相反，自然科学用以描述一部分现实的概念越具普遍性，它对这部分现实的解释就越好；它对特殊部分与自然整体的共同点表达得越清楚，单个对象的个别性内容与普遍概念的内容离得就越远。

从自然和历史这一形式的对立中，已经可以得出若干对于方法论来说极为重要的结论。不过，我们打算在这里仅限于讨论一个热点问题。从以上的讨论中，必定已经可以看出关于心灵生活整体的科学亦即心理学对于历史科学可能具有的意义，在那些也许不愿意使历史学成为一门一般化自然科学的人们之间，就此达成意见的一致其实应该并不困难；与此同时，这一点对于根据什么理由把科学划分为自然科学和精神科学这个问题，也具有决定性意义。

我们知道，当历史科学处理文化事件时，几乎总是要涉及心灵生活。因此，基于这个理由，把历史学称为精神科学并不是完全错误的。与此相应，我们常常这样谈论历史学家：他们一定是出色的“心理学家”。历史学家通常并不太关心科学的心理学，不过，似乎他们越多地致力于这种心理学，他们就越能成为出色的“心理学家”。这样的论证听起来极具说服力，并且无疑有助于这样一种观点的广泛传播：心理学对于历史学具有重要意义。

但是，一旦进行更为仔细的观察，我们就会发现：即使那些特别受人青睐的理论，其说服力常常也是建立在所用流行词汇的模糊性之上的。我们不仅把历史学家称作“心理学家”，而且也把诗人和造型艺术家称作“心理学家”，因为我们有理由认为：为了完成他们各自的任务，他们必须是“善于识人者”。但是，艺术家所从事的“心理学”，除了名称之外，与关于心灵生活的概念性科学毫无共同之处。没有人会建议一个诗人去从事科学的心理学研究，以便他能够借此学会更好地作诗。为了用一种与科学方法截然不同的方法把心理生活提高到一个具有普遍意义的领域，艺术不会以概念的方式，而是尽可能以直观的方式去把握心理生活。无论如何，对人进行“心理学的”理解这种艺术才能，完全独立于在科学心理学方面所拥有的知识。

同样的情况也适用于历史学家所使用的“心理学”，尽管通常说来这种心理学与艺术家所使用的心理学可能极为不同。的确，相对于艺术家的心理学，这种心理学可能与关于心灵生活的一般化科学离得更远，因为它完全致力于一次性的、特殊的东西。因此，毫不奇怪，在科学的心理学还根本不存在，甚至连今天的心理概念也不存在的时代，我们就已经在历史学家中间发现那些知名的“心理学家”了。例如，我们大概可以把修昔底德[1]算作这种意义上的“心理学家”。甚至一向力主首先把心理学作为“精神科学”的基础的冯特[2]，也为这位历史学家作证说：他“在对历史事件的心理学理解方面堪称后世的典范”，可见，这是一件非常值得深思的事情。滕尼斯[3]指出：从他们所在时代的观点来看，波利比乌斯[4]、塔西佗[5]以及晚近的休谟、吉本[6]、缪勒[7]、梯叶里[8]和格维努斯[9]等历史学家都是训练有素的心理学家。这种说法并不能削弱冯特上述证词的分量，因为即使这种说法是正确的，它也只是表明：他们所在时代的心理学没有对这些历史学家造成任何伤害。

① 修昔底德(Thucydides，约前460—前400年)：古希腊历史学家、文学家，所著《伯罗奔尼撒战争史》在西方史学史上占有重要地位。——译者

② 冯特：《逻辑学》(Logik)，第三版，第3卷；《精神科学的逻辑》(Logik der Geisteswissenschaften)，1908年版，第2页。

③ 斐迪南·滕尼斯(Ferdinand Tönnies，1855—1936，德国社会学家、哲学家。——译者)：《史学理论》(Zur Theorie der Geschichte)，1902年版，载《系统哲学文库》(Archiv fuer systematische Philosophie)，第八卷。

④ 波利比乌斯(Polybius，前203—前121年)：又译波利比阿，古罗马历史学家，主要著作有《通史》、《论战术》等。——译者

⑤ 塔西佗(Tacitus，约55—120年)：古罗马历史学家，主要著作有《罗马史》、《罗马编年史》等。——译者

⑥ 爱德华·吉本(Edward Gibbon，1737—1794)：英国历史学家，18世纪欧洲启蒙时代史学的卓越代表，著有《罗马帝国衰亡史》等。——译者

⑦ 缪勒(Johannes von Müller，1752—1809)：瑞士历史学家，著有《大学史》、《瑞士人的历史》等。——译者

⑧ 梯叶里(Thierry，1795—1856)：法国历史学家、作家，著有《诺曼人征服英国史》、《墨洛温时代叙事》、《第三等级的形成与发展史》等。——译者

⑨ 格维努斯(Georg Gottfried Gervinus，1805—1871)：德国历史学家，著有《19世纪史》《德国诗歌史》等。——译者

从今天的眼光看来，这些人的心理学是没有任何科学价值的。因此，不是因为他们的心理学，他们才成为知名的历史学家；而是说，尽管有他们的心理学，他们仍然是知名的历史学家。事实上，对大多数历史学家而言，那种被他们认为正确的心理学理论在其历史研究工作中只起到非常有限的作用。撇开这一点不谈，鉴于后世大多数历史学家在其“心理学”知识方面与修昔底德确实没有什么原则性的区别，下面的做法就方法论的兴趣而言就是值得迫切追求的：通过一个术语，把他们那种关于一次性的、个别事件的“心理学”（比如：当我们谈论腓特烈·威廉四世[1]的心理学和十字军东征的心理学时，我们就是在这个意义上使用“心理学”一词的），与使用一般化方法的、科学的心理学分开；如果人们不想放弃“心理学”这个词，那么，就着眼于自然和历史之间最普遍的对立，为这种心理学冠以“历史心理学”之类的名称，不过，我们绝不能把它理解为一门科学。

客观地说，可以得出这样的结论：对心理生活整体的解释是科学。“历史心理学”，即对特定时代单个人或特定群体的理解，仅就其自身而言还不是科学。这种理解也许可以被科学的心理学所完善，但绝不能被任何一种关于心理生活的一般化科学所代替。因为即使随便一种心理学理论以某种方式把全部心理生活都纳入到了普遍概念之下，它还是不能借此获得对于一次性的、个别事件的知识。如果我们想对心理存在的本性（Natur）做出心理学的解释，就必须寻求它的普遍规律或者任何其它的普遍概念。但是，如

① 腓特烈·威廉四世（Friedrich Wilhelm IV，1795—1861）：普鲁士国王。——译者

果我们想通过下述方式对历史上的心灵生活进行“心理学”的认识，即尽可能在其个别过程中重新体验它，那么，我们借此至多只能获得历史描述所需要的材料，还不能获得任何关于相关对象的历史概念。单纯的“体验”不是科学，也不能为了历史认识的目的而被赋予一般化的形式。如果明白了这一点，人们就不再会认为下面一点是理所当然的了：为了完善其“心理学的”理解，历史学家必须研究科学的亦即一般化的心理学；人们就更不会把任何借助于普遍概念进行工作的关于心灵生活的科学看作历史科学的基础，就像力学是关于物体世界的自然科学的基础那样。[①]

这不意味着：在一般化的、科学的心理学和历史科学之间没有丝毫关联。我想明确地强调这一点，因为我的观点一再遭到误解，仿佛我否认了这样一种可能性：历史学家能够从科学的心理学中有所收益。我绝无此意。相反，我先前已经明确指出：通常说来，不借助科学的心理学也能达到对于过去的“心理学的”理解，但是

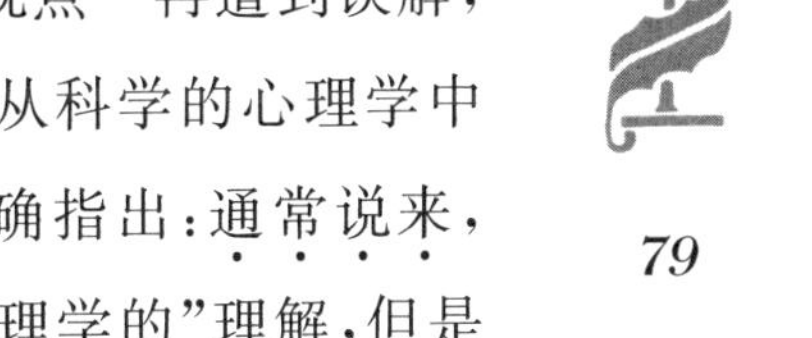

① 在一位心理学家那里，我也发现了同样的观点。在对恩斯特·艾尔斯特(Ernst August Eduard Jakob Elster，1860—1940，德国作家、日耳曼语文学家。——译者)的《文学研究原理》(Prinzipien der Literaturwissenschaft)一书所做的评论中，卡尔·马尔比(Karl Marbe，1869—1953，德国心理学家。——译者)写道：“要想无障碍地把文学史家感兴趣的那些对象，纳入到心理学的标题之下，这是一件不可能做到的事情。也许正是这一事实能够使作者明了：至少就他的目的而言，文学研究不能指望心理学。近代心理学家试图把精神生活理解为若干简单要素和事实的聚合物。对于文学史家来说，这种对心理现象的分析是根本不适用的。他要在其复杂性中对人的精神生活的一个特定部分加以模仿和理解。”人们一定会说，而且，我也乐于承认，马尔比和我在观点上更趋于接近了，尽管在对拙作《自然科学概念建构的界限》所做的一则评论中，他曾经宣称：他在“任何重要之点”上都无法与我达成一致。因为上面引用的他那句话所依据的那种区别，在我的著作中已经作为一个非常“重要之点”得到了最为详尽的阐述，并且已经被明确运用到心理学与历史科学的关系上面。

一般化的心理学可以使这种理解趋于完善。至于这种情况在多大程度上是可能的,这不是逻辑学观点能够决定的。在历史学与科学的心理学没有实际地建立起更为紧密的关系之前,去考虑各种不同的可能情况是没有丝毫意义的。我们假定:历史学家最大限度地运用了科学的心理学知识,并且看到了心理学能够为历史学提供什么,不能提供什么。只有这样,逻辑学的洞见才能有所提升。

只有理解了心理学的一般化方法与历史学的个别化方法之间的区别,这两种科学之间最大程度的关联才能够建立起来。要描述个别的东西,就不能缺少普遍的概念,或者至少不能缺少普遍的概念要素:正如我们已经看到的那样,任何科学描述的最终成分一定是普遍的。因此,关于一个历史个别性的概念也是由纯然普遍的要素构成的,而且是以我们后面要探讨的这种方式构成的。当然,对此不应作这样的理解,仿佛现实本身的个别性仅仅是诸多普遍性的组合,因为正如我们同样已经看到的那样,这将导致柏拉图式的概念实在论。问题的关键仅仅在于:要用科学描述个别性,而为了达到这个目的,就要运用普遍的东西。现在,这一点变得十分重要,因为在此过程中历史学家通常要使用一些他能找到的普遍性的词义,而这些词义是我们在从事科学研究之前、在学习语言的过程中学会的。可以说,这些前科学的“概念”是不精确的和不确定的,因而实际上根本就不是什么概念。所以,历史科学要成为科学,就必须用科学的概念取代它在描述个别的历史事件时所使用的那些前科学的、普遍性的词义。但是,历史科学必须从心理学中提取这些科学概念。这样,一般化的概念建构和个别化的概念建

构之间的对立依旧存在，而心理学对于作为科学的历史学所具有的意义又是无可怀疑的。

这实际上已经表明：心理学能够成为历史学的一门辅助性科学。不过，有必要精确地确定这一成果对于知识论的影响。首先，如果人们想保持前后一致，就必须把这些观察再放远一些。历史学家绝不限于描述心灵生活。他所述说的人也是物体性的，因而是由其物质环境的影响决定的。不考虑物体的世界，我们就不能理解任何历史描述，而且，物体的东西就其个别性而言，在历史上甚至可能是极为重要的。由此可以得出这样的结论：心理学并不是唯一一门——可以说——有可能成为历史学的辅助性科学的一般化科学。

例如，我们可能从一部关于一次特殊会战的历史中获悉：在战斗打响之前，士兵们必须连续行军数日，由此变得疲惫不堪，无力抵抗身强力壮的敌军所发动的进攻；或者，我们也可能听到这样的报告：某座被围困的城市，全部食品供给已经被切断，不能坚守多长时间，因为饥饿使人软弱无力，最终无法进行有效的防御。在描述这些事件的时候，历史学家同样会使用一些与物质过程有关的、纯然普遍性的词义，而且，在大多数情况下，它们又是他在从事科学研究之前就已经拥有的概念。因此，人们一定会说，从科学的生理学的观点看来，历史学家在运用其普遍概念——这是他在描述一次性事件时所需要的——的时候，是以不准确的、不确定的方式进行的。为了在科学上变得“精确”些，他也必须求助关于疲劳和营养的生理学，因为只有这样他才能够用严格的科学概念取代前科学的概念。

从原则上看，这个要求与前面讨论过的内容——即为了使历史学更加科学，心理学的成果必不可少——无疑没有什么不同。然而，它听上去好像明显不是那么令人信服。原因何在？也许是因为：作为科学的生理学已经把心理学远远地甩在了后面；由此马上就会明白，历史学家就其作为历史学家的身份而言，从一般化的科学概念那里获得的支持是何等之少啊！

对于历史学家而言，这些概念始终仅仅是描述的手段，绝不是描述的目的。这就无异于说：即使没有这些"精确的"手段，同样也能够达到目的。在刚才所举的例子中，无疑就是这种情况。如果可以由此得出一般性结论的话，那么，人们就可以认为：人们之所以希望心理学能够对历史学有所帮助，主要基于这样的事实：迄今为止，对于历史学所描述的那种类型的心灵现象，心理学往往还没有多少研究；而且，恰恰是笼罩在这些现象之上的心理学的谜团，使幻想有了描绘形形色色的可能性的余地。因此，大概我们可以这样说：如果一般化的心理学在对心灵规律——这些规律适用于历史上的本质性生活——的研究方面得到了长足进步，已经达到了生理学对于疲劳和饥饿那样的认知程度，那么，对于历史学来说，心理学的成果也许就会像生理学的成果一样显得无关紧要了。

因此，我们也许可以得出这样的结论：在大多数情况下，历史学家在前科学的学习中已经拥有的普遍概念性知识，足以使他达到自己的目的，即描述他的研究对象的个别性和特殊性。他的概念要素的自然科学意义上的精确性，在一门一般化的科学中是至关重要的，而对于追求不同目标的历史学家来说则毫无意义。甚至他或许还会发现，与任何一种心理学理论相比，他的前科学的普遍性知识更可靠地引领着他前行，因为这种知识使他的描述更容易被与他共享这种知识的那些人所理解，而这是运用科学概念所无法达到的。

但是，如前所述，科学的心理学理论从科学的角度促进历史学的可能性是存在的，尽管在历史学家这边对这种促进的需要并不多见。同样存在这样的可能性：用生理学、化学或者其它自然科学的概念，对历史事件做出更为精确的描述。甚至或许还能指出这样一些领域：如果不借助普遍概念性的科学知识，历史学就根本不能对其加以描述。在下述情况下人们特别会求助于一般化的科学：所要描述的对象严重背离了我们从前科学的生活所了解的东西，而且，按照其普遍的类特征，这种背离是在一个我们所无法理解的方向上发生的，因此，我们缺少所需要的普遍的理解图式。例如，人们据此可以正当地指出：历史学家在描述腓特烈·威廉四世的过程中，也需要精神病理学的知识，因为他对精神病患者心灵生活的总体情况所知甚少，不足以对其做出充分的理解和清楚的描述。所以，一般化的理论可能会成为历史学的重要的辅助性科学。从原则上说，这里是不能划出一条界限的。很可能出现这样的局面：在未来的历史科学中，就对一次性的、个别事件的描述而言，自然科学的亦即按照科学的、一般化的方式建构起来的概念，将比现在发挥更大的、更为出色的作用。但现在的情况是：这样的概念更多地是引起混乱，而不是提供帮助。对此，人们只需想一想兰普雷希特对于个体心理学方法和社会心理学方法所做的区分就清楚了。

但是，对于科学的逻辑划分——这种划分必须着眼于目标，而

不是手段——而言，所有这一切都没有任何原则性的意义，因为它所涉及的不过是历史学用以建构其个别化描述的那些要素具有多大的“精确性”。无论历史学家在多大程度上使用了一般化的科学，这些科学对他来说都绝不能达到力学对于物体世界的一般化科学所具有的那种基础性地位。关于历史学家个别化的概念建构原则，即关于他如何对要素加以筛选并把这些要素同已有的历史概念联结起来的方式，普遍化科学对他毫无建言。作为科学的历史学，其目的不在于就其单纯的独特性对任何事物和事件的个别性加以叙述。它还要受一定观点的指导，以便使用其前科学的或科学上精确的概念要素，而这些观点是心理学或任何一种其它的一般化科学都不能提供给它的。对于心理学和历史学的逻辑关系来说，这是一个具有决定性意义的情况。从逻辑上说，所有其它情况都只具有次要的意义。

这同时表明：我们不能停留于个别化方法的概念，这是迄今为止我们将之当作历史学所特有的东西而获得的一个概念。为了以上述方式据其逻辑上的基本方向把科学分为两大类，我们必须把质料的区分与形式的区分联系起来。自然和历史这两个纯逻辑概念的对立只是清楚地表明，下面这种传统观点是站不住脚的：所有的科学概念都是普遍的，因而，就其对心灵生活所做的描述而言，历史学不过是应用心理学。此外，个别化概念只是为我们提出了一个问题，还没有为我们提供关于科学的历史方法的建设性概念，就像通过一般化概念为自然科学所做的那样。如果我们着眼于普遍之物把现实叫作自然，那么，自然科学的概念建构原则同时就一目了然了。相反，如果我们着眼于特殊之物把现实叫作历史，那么，这还不足以了解其概念建构的逻辑结构。于是，历史科学的任务似乎必定在于：在没有一个筛选原则的情况下，对有待于它去处理的个别现实“如其所是地”加以描述，结果，它只能在反映一词的严格意义上提供现实的一个反映。但是，正如我们所知道的那样，这个任务是自相矛盾的。为了形成概念并提供知识，历史学必须在现实事物的连续之流中进行划界，把其无法估算的异质性转化为可估算的间断性。至于在此过程中个别性如何能够依然醒目，我们尚不清楚。一种个别化的概念建构究竟是否可能？历史方法的问题即在于此。可见，恰恰是通过一般化方法和个别化方法之间的对立，我们这项研究的基本问题才显示出了它的全部难度。仅凭“制定规律的”与“描述特征的”这个区分，我们还无法完成自己的任务。

九　历史学与艺术

诚然，与自然科学的描述相比，人们更有可能把历史学的描述比作对现实的反映。在转向阐释历史学概念建构的原则之前，我们还想对这个已经从纯形式的历史学概念中产生出来的情况略作说明。与此相关，必须像我们的思路所期望的那样，把历史学与艺术的关系这个一再被触及的问题搞清楚。在此过程中，我们同时会看到：直观在历史科学中起着何种作用。

在未经科学处理的现实中，亦即在异质的连续性中，每个对象的独特性——我们也称之为个别性——都是和直观性联系在一起的，并且只有在直观中才能直接地呈现给我们。因此，人们会认为，在涉及对个别性的描述时，最好是通过对个别直观的复制来实现。因此，历史学家试图使我们在其个别性方面再次直观地回想起过去。他只有通过下述方式才能做到这一点：使我们能够在某种程度上在其个别过程方面对一次性事件加以重新体验。虽然像所有的科学一样，他在描述过程中要依赖若干具有普遍意义的词，因而绝不能通过这些词直接形成现实的一个直观图像。但实际上，他偶尔也会要求听众或者读者，通过其想象力直观地设想出这样一些东西：它们在内容上远远超出了普遍性词义的全部内容；因此，他会尽力通过对这些词义加以特殊的组合，使想象转向他所期望的轨道，途径是：使想象对所要复制的图像有尽可能小的改变余地。每一首诗都表明：这一点是可能的。诗固然也依赖一些具有普遍意义的词，但它能够刺激想象力去形成一些直观的图像。

一个现实的个别性能够借助于一种直观性的想象图像被描述出来，这个情况首先解释了这样一点：为什么人们常常要在历史学与艺术间建立起一种特别密切的关系，或者干脆把历史学与艺术等量齐观。因为事实上，历史学的这一面与艺术活动是相似的，二者的目的都在于：刺激我们的想象力去产生一个直观。但与此同时，历史学与艺术之间的相似性仅止于此。这表明：这种相似性对于历史科学的本质而言是没有多大意义的，因为首先，如果直观是纯粹艺术的，那么，它在原则上就不同于历史学家所形成的直观；其次，从逻辑的观点看来，在作为科学的历史学中，直观的因素只能具有次要的意义。

为了看清这一点，人们必须首先明确艺术与直观的、个别的现实的关系。艺术和科学一样，很少能够反映或复制，尽管我们的“实在论者们”不时声称他们想这样做。毋宁说，艺术或者创造一个全新的世界，或者至少——在它描述现实的地方——改造这个世界。但是，这种改造依赖于若干原则，而这些原则不是逻辑学的，而是美学的。鉴于单纯的美学因素本身在一门科学中绝不可能是决定性因素，因此，如果历史学把达到没有美学形态的直观看作描述的目标，那么，除了对现实进行单纯的复制之外，历史学就没有其它的目标了。正如我们已经知道的那样，由于每个异质的连续性——因而现实的每个无论多么有限的部分——所具有的无法估算的、不可穷尽的多样性，上述任务是一个在逻辑上背理的目标。如果人们主张历史学就是艺术，因为它提供直观，那么，这样的主张还完全没有道出历史学的方法。

不过，这还不是问题的全部。艺术就其单纯作为艺术而言，是不会因其个别性而采用直观的。它的作品是否与这个或那个个别的现实“相似”，对它来说完全是无关紧要的。毋宁说，它要借助于必须由美学加以确认的手段，把直观提升到一个“普遍性”的领域（我们在这里不对这种普遍性做进一步规定），当然，这种普遍性与概念的普遍性是有原则性区别的。人们也许可以把美学的基本问题表述为对于普遍性直观的可能性的追问，从而使它与历史逻辑学的基本问题——即对于个别性概念的可能性的追问——的关系呈现出来。无论如何，在某些方面，艺术活动与历史学家的个别化方法是直接对立的，所以，人们不应当把历史学称为一门艺术。为了看清这一点，人们就不能只考虑肖像画、有确定地理坐标的风景画或历史小说这样的艺术品，因为它们不仅仅是艺术品，它们在复制一次性的、个别现实之处所包含的那些东西，恰恰在美学上是非本质性的。我们还可以完全忽略这样一点：艺术把它所描述的每一个对象都隔离开来，以便把它从其余现实的关系中突出出来；恰恰相反，历史学必须研究它的对象与周围世界的关系，就此而言，它无论如何必定是与艺术处于一种对立之中。我们只要指出下面一点就够了：一幅肖像画的独特的艺术本质不在于它的相似性或者理论上的真实性；同样，一部小说的美学价值也不在于它与历史事实的一致性。我可以把二者作为艺术品进行评价，而完全不知道它们与所描述的个别现实的关系。因此，如果人们把这样的艺术品与历史学进行比较，而不把其中纯粹艺术的因素和那些与艺

术无关的因素分开，就只会造成混乱。虽然一幅肖像画与一个历史描述十分相像，但是，这种相像是通过那些不是具有艺术意义，而是具有历史意义的成分表现出来的。我们从中得到的这一认识显然有助于解释艺术与历史学的关系。

不能就此否认，正如肖像画偶尔所表明的那样，在历史成分与艺术成分直接的、统一的关联中，包含着这样一个问题：它的解决从一个方面看来对于解释历史学的本质也可能具有一定的意义。按照那些既有很高的艺术品位又十分相像的肖像画的标准，很多历史学描述，包括其中最令人赞叹的描述，实际上都是艺术品。但是，如果人们想弄清历史学与艺术之间关系的本质，他们必须首先拿那些没有任何历史成分的艺术品进行比较，只有这样，他们才能提出这样的问题：在一幅肖像画中，艺术形态和历史真实，亦即美学价值和理论价值，是否能够形成一种统一性。

这个问题的解决，不属于本书的关注范围。我们满足于达到这样的结果，即对下述想法进行驳斥：在若干逻辑的本质之点上，历史学类似于艺术。如果人们记得，每个现实都是一个个别的直观，那么，科学和艺术与直观的关系就可以简要地表述如下：一般化的科学在其概念中不仅取消了它们的对象的个别性，而且也取消了这些对象的直接的直观；历史学——就其作为科学而言——同样取消了直接的直观，并把直观转化为概念，所不同的是，它却试图保存个别性；最后，艺术——就其作为艺术而言——的目的即是直观的描述，这种描述根除了现实的个别性本身，或者将其贬低为某种非本质性的东西。因此，历史学和艺术都比自然科学更接近于现实，因为二者只是分别取消了个别的直观的一个方面。就此而言，下述做法才具有相对的正当性：把历史学称作“现实科学”，认为艺术比自然科学提供了更多的实在性。但是，艺术与历史学是彼此对立的，因为在艺术中直观是本质性的，而在历史学中概念才是本质性的东西。而且，在一些历史描述中所建立起来的二者的联系，只类似于这样一幅肖像画：不仅要从其艺术质量方面去观察它，而且必须从其相似性方面去观察它。

如上所述，在很多历史学著作中都能找到艺术与科学之间的这种联系，这是不成问题的。在有些情况下，历史学为了对个别性进行描述，需要调动想象力以便对直观图像进行表象。但同样肯定的是，人们没有权利根据这一事实就把历史科学称为一门艺术。无论历史学家借助艺术的手段可以提供多少个别的直观，由于这些直观必须始终是个别的，所以，历史学家与艺术家还是有原则性区别的。他的描述在任何情况下都必须在事实上是真实的，而这种历史的真实性恰恰是艺术品所不予考虑的。人们毋宁可以这样说：在艺术家描述现实的地方，他就在一定程度上受制于一般化科学的真实性。只要艺术品强迫我们想起我们所熟悉的现实，我们就在一定程度上忍受艺术表现与普遍概念——前者是作为类的样本从属于后者的——之间的不一致性。可是，如果继续循此思路走下去，就会使我们完全偏离我们的主要关切。问题的关键仅在于表明：艺术创作不必考虑历史事实。

但是，如果我们考虑到这样的情况：在任何一门科学——也包括历史学——中，对经验现实的直观只是次要的事情，或者说只是达到目的的手段，那么，历史学与艺术之间的距离看起来就更大了。因此，人们一定也会对文德尔班就自然科学与历史学的区别所做的规定——即自然科学寻求规律，历史学寻求形象——怀有疑虑。这样的规定并没有触及逻辑学上的本质性区别。如果人们从字面上去理解这种区别，那么，至少会产生一个过于狭窄的历史学概念，而且，还会转移作为科学的历史学的重点。通常情况下，历史学并不寻求任何形象，而且即使它寻求形象，就像在传记中所做的那样，也不能因此理解其逻辑本质。如果人们把“历史学采用个别化方法”这个命题等同于这样的主张：历史学是“传记的总和”，必须提供艺术上完美的肖像，那么，真想象不出还有什么比这种误解更糟的了。只有在历史学建构它的概念——这些概念往往是非直观的——的方式中，才能发现历史学的科学特征；只有着眼于历史学把直观转换为概念的方式，才能从逻辑上理解历史学。

因此，历史学的形式原则——它使得历史学成为科学——与艺术创造的原则毫不相干，也不能从单纯的直观中提取出来。由于这个缘故，必须非常慎重地使用“现实科学”这个术语。旧有的说法是：历史学要么描述个别性，因而成为艺术；要么是科学，因而必须采用一般化方法。这种说法是完全错误的。在历史学能够开始它那部分活动——即在上述方式上与艺术家的程序相似的那部分活动——之前，或者，在它为了能够重新体验过去并使我们尽可能接近现实之故，而为它的概念披上直观的外衣之前，它首先必须知道：它要对无限多对象——现实就是由这些对象组成的——中的哪些对象进行描述；其次它还必须知道：在每个单一对象的无限的多样性中，哪些部分对它而言是本质性的。但是，为了做到这一点，它也像自然科学一样，需要自己的“先天”(a priori)和先见(Vor-Urteil)。只有借助于这样的东西，它才能够从概念上掌握实在事情的异质的连续性。因此，也许在历史学求助于想象力的那些部分中，它可以创造出直观的图像，但是，这种创造的活动范围，以及决定着材料的关联和分类的那些观点，对于什么具有历史意义、什么不具历史意义所做的裁决，简言之，最初构成历史学的科学特征的东西，并不包含在直观材料本身之中，尤其与艺术毫不相干。即使不借助于艺术手段，历史学家也完全能够完成其纯粹科学的任务。当然，如果在他身上有几分艺术家的才能，这也许是一件令人高兴的事情。因此，我们必须追问：如果说它必须描述一次性的、特殊的、个别的东西，历史学作为科学是如何可能的？

十　历史文化科学

我们把现在所涉及的问题叫作历史的概念建构的问题，因为我们通过对语言用法的扩展，把对一个现实的科学上的本质成分所做的任何一种概括都理解为“概念”。只要认识到理解和一般化不可能完全一致，那么，这种扩展就是合理的。因此，当务之急是找到这样一些概念——它们的内容是一个特殊的、个别的东西——的指导原则。对于这个问题的回答，不仅关系到对于历史科学的形式特征的认识，而且最终也关系到从质料上划分文化科学与自然科学这种做法的合理性。如果——正如我所相信的那样——能够表明：我们用之对专门科学的两类对象划界的同一个文化概念，同时也规定着历史的或个别化的概念建构的原则，那么，上述划分就是合理的。因此，我们现在终于可以阐明形式分类原则和质料分类原则之间的关系并进而理解历史文化科学的本质了。

这种关系其实非常简单，只要我们现在提出这样的问题，即我们希望不仅用自然科学的方法去理解，而且还用历史的个别化方法去认识和领会的到底是哪些对象，这一关系必定很快就会一目了然。我们将会发现，对于那些与价值无关，因而被我们看作（在上述意义上的）纯粹“自然”的现实，我们在大多数情况下仅具有一

种(在逻辑意义上的)自然科学的兴趣,因此,这些现实的个别形态之所以引起我们的关注,并不是由于其个别性,而往往只是因为它是一个或多或少普遍性的概念的样本。相反,文化事件,以及我们将之作为其萌芽或诸如此类的东西而与之联系在一起的事件,则是另外一种情形:在这里,我们的兴趣也指向特殊的、个别的东西以及它们的一次性的过程,因此,我们也希望通过历史的、个别化的方法去认识它们。

这样,专门科学方法的质料分类原则和形式分类原则之间最普遍的关系就显而易见了,而且,这种关系的根据对我们来说也就不难理解了。因为一个对象——只要把它作为整体来看待——的文化意义,不在于它与其它现实的共同性,而恰恰在于它与其它现实的差异性。因此,如果我们着眼于现实与文化价值的关系,那么,现实被关注到的也必定是特殊的和个别的方面。毫无疑问,一个事件的个别形态与相关文化价值的联系越是与众不同,这个事件的文化意义往往也就越大。因此,只要有待探讨的问题是文化事件对于文化价值所具有的意义,那么,就只有个别化的、历史的方法才适用于这样的事件。一旦把文化事件视为自然,就是说,将其纳入普遍概念或规律之下,那么,它就会成为类之下的一个无足轻重的样本,就可以被同一个类下的任何一个其它的样本所取代。因此,我们不会满足于仅仅对它做自然科学的或一般化的处理,虽然这种处理也是可能的,甚至也许是必要的,毕竟任何现实都可以用一般化的方法去理解,但在这种情况下,其结果就会是这样:把——再一次用歌德的话说——"只有分离开来才有活力的东西聚拢为一种僵死的普遍性"。所以,虽然对文化生活进行自然科学描述可能有其合理的一面，但仅仅这样做显然是不够的。

不过，文化与历史学之间的关系还不止于此。这种关系不仅表明了：为什么对于文化事件来说，单纯自然科学的或一般化的观察是不够的，而且表明了：文化概念如何使作为科学的历史学成为可能，亦即一种个别化的概念建构——这种概念建构从那种不能被科学地加以描述的纯粹的异质性中，提取出一种可描述的个别性——如何通过文化概念得以实现。诚然，一个文化事件的意义完全取决于其个别特征，因此，在历史文化科学中，我们不能期望发现这个事件的普遍“本性”（Natur），而是必须用个别化的方法开展工作。但另一方面，从文化科学的观点来看，它所要研究的也并非是与全部现实有关的、因其无法计量性而绝不能被认识和描述的个别的多样性（这种多样性是一个对象的文化意义之所在），而始终仅仅是个别对象中的这样一个部分：通过它该对象才成为文化意义上的一个“个体”，亦即成为一个唯一的、独特的、不能被任何其它现实所取代的东西。自然科学意义上一个对象与同类中的其它样本所共有的东西，例如，就一个历史人物而言，他与“智人”（homo sapiens）所共有的东西，以及这个对象那些无比丰富的、对于文化而言无关紧要的个别特征，所有这些都不是历史学家所要描述的东西。

由此产生了这样的结果：对于研究文化事件的历史科学来说，现实也分为本质性的成分与非本质性的成分，亦即分为有历史意义的个别性和纯粹的异在（Anderssein）。这样，我们就获得了——至少就其最普遍的、尽管尚不确定的形式而言——我们所寻求的那个指导原则，这是我们在保留其个别性和特殊性的前提

下，进行历史的概念建构亦即改造现实之异质的连续性所需要的。现在，我们可以把两种个别之物彼此分开：一种是作为纯粹异质性的个别之物，另一种是作为狭义的个别性的个别之物。一种个别性与现实本身相重合，不能进入任何科学；另一种个别性则是对现实的一种确定的看法，可以被纳入概念之中。在无限多的个别之物亦即异质的对象中，历史学家首先考虑的仅仅是这样的东西：它们的个别特征或者本身体现了文化价值，或者与这些价值相关；而在每一个单一对象的异质性向他所呈现的无限丰富的内容中，历史学家又筛选出这样的东西：对于文化发展所具有的意义取决于它，历史学的个别性与纯粹异质性的区别也在于它。因此，“文化”概念为历史的概念建构提供了筛选本质之物的原则，正如作为现实的“自然”概念从普遍之物的观点为自然科学所做的那样。只有通过文化所携带的价值，并通过与价值的联系，一个可描述的历史个别性的概念才能被建构起来。

上面这种概念建构方式，就像两种个别之物的区分一样，迄今为止在逻辑学中尚未引起重视。正如我想明确强调的那样，人们很容易会忽略这一点，因为包含历史个别性、并使之从无处不在的个别现实中分离出来的历史概念，没有像自然科学概念那样清楚明白地显露出来。我们已经知道造成这种局面的原因是什么了。只有在罕见的情况下，历史概念才会像普遍性概念那样通过抽象的形式或者定义被表达出来。毋宁可以这样说，构成历史概念的内容，通常被历史科学用大量直观材料掩盖了起来。有时，我们认识到：在一个直观图像中确实隐藏着历史概念，它只为这个图像的勾画提供图式和指导思想，于是，我们就倾向于认为图像才是主要的事情，并在此图像中看到对于个别现实的一种反映。因此，人们可能低估了这样一点：那条逻辑原则部分地构成了对历史进行直观描述的基础，并决定了什么才是历史上本质的东西。诚然，人们可能会认为，这里根本就不存在什么筛选原则，历史学不过是把实际发生的事情讲述出来而已。鉴于人们有理由认为：对个别之物的单纯"记述"尚未产生任何科学，于是，人们就有了这样的想法：历史学必须首先被提升至科学的地位；鉴于人们只知道一种概念建构原则，于是，他们便会向历史学推荐自然科学的一般化方法。用这样的方法是不可能理解历史科学的本质的。同时，对个别化筛选原则的忽略，也解释了下述触目惊心的事实：这种把历史学变成一门自然科学的荒谬至极的尝试，竟然也得到了逻辑学这边——它只强调一种一般化的筛选原则——的赞同。

毫无疑问，甚至很多历史学家也不愿意承认：这里所提出的逻辑原则正确地表达了他们的工作的理论本质，就是说，只有这个原则才能够把历史的个别性与非本质的异质性区分开来。相反，他们会认为：除了复制现实之外，他们别无其它工作可做。不错，他们最伟大的导师之一明确地指派给他们的任务就是："如其所是地"进行描述。

但这并没有对我的解释的正确性提出反证。针对用主观专断伪造事实的描述，或者针对那种充满了赞美和责备的描述，兰克对于"客观性"的要求无疑是合理的。特别是针对主观任意的历史学建构，必须指出对于事实的必要尊重。然而，不能就此认为，历史的客观性就在于：在没有一个指导性的筛选原则的情况下，对事实进行单纯的复制，尽管兰克曾经相信这一点。在"如其所是的"方法中,正如在"描述特征的"方法中一样,都存在一个问题,而没有解决问题的方案。这让我们想起了一个关于自然科学方法的著名说法,这个说法与兰克的说法相仿。基尔霍夫[1]把力学的任务界定为:"用最简单的方式充分地描述在自然界中发生的运动",他的这一界定同样没有在方法论上说出太多的东西,因为一种描述如何成为"充分的",以及什么才是"最简单的方式",这恰恰是问题之所在。这样的说法只会更加掩盖方法论问题,而不是解决方法论问题。尽管作为知识论的逻辑学必须遵循伟大研究者的著作,但它不必因此停留于这些研究者就自己工作的本质所说的话。阿尔弗雷德·道夫[2]在谈到兰克时正确地指出:他不是通过中立性,而是通过同情的普遍性,来逃避片面的同情的;因此,根据最了解他的人所说的这句话,甚至这位"客观"历史学的大师,作为研究者也始终是一个有同情心的人,因而与自然科学家有原则性区别,因为"同情"在后者的科学工作中是不能起任何作用的。对于成功地扼杀其自我的历史学家来说,正如兰克所期望的那样,再也没有任何科学的历史学,只剩下一堆没有意义的、纯粹异质的形象,它们全部同样有意义或者无意义,完全不能引起任何历史的兴趣。

① 古斯塔夫·罗伯特·基尔霍夫(Gustav Robert Kirchhoff,1824—1887):德国物理学家,提出了著名的基尔霍夫电流定律(KCL)和基尔霍夫电压定律(KVL)。——译者

② 阿尔弗雷德·道夫:《兰克和西贝尔与科尼希·马克斯的关系》,1895 年版(Ranke und Sybel in ihrem Verhaeltnis zu Koenig Max)。《道夫选集,特别是历史学方面的内容》(Ausgewaehlte Schriftchen, vornehmlich historischen Inhalts),1898 年版,第 191 页以后。

如果我们认为一切存在者都是无意义的且与价值无关的，那么，世界上任何一个事物都有它的“历史”，就是说，都有其一次性的发展过程，正如任何一个事物都有它的“自然”，就是说，都能够被纳入普遍概念或规律之下。我们往往愿意并且能够书写的只是人的历史，这种情况就已经表明：我们在此过程中是受价值引导的；没有价值，便没有任何历史科学。一般说来，在这个问题上之所以还会产生错觉，只是因为：从文化价值角度对本质之物和非本质之物所做的区分，大部分已经被那些流传下来历史资料的作者们完成了，或者，对于从事经验研究的人来说，这种区分是作为“自明的”东西发生的，以至于他根本没有注意到这里所发生的事情。他把对现实的理解与现实本身混为一谈了。逻辑学的任务就在于：明确认识这种理解的本质，进而认识这种自明的东西，因为与对价值中立的自然所做的一般化理解相反，个别化的文化科学的特征恰恰是建立在这种自明的东西之上的。

现在，我们理解了为什么前面强调这样一点是非常重要的：只有通过价值的观点，才能从科学方法上把文化事件与自然区分开来。我们现在也许可以这样说：只有从这种观点出发，而不是从一种特殊种类的现实出发，个别的“文化概念”的内容——不同于普遍的自然概念的内容——才成为可理解的。因此，为了使这一区别的特征更清楚地显露出来，我们必须明确地把历史的-个别化的方法叫作与价值相关的方法，与此相反，把自然科学称为这样一种研究：它聚焦于合乎规律的、或者普遍概念的关联，不关心文化价值以及它的对象与文化价值的关系。

这句话的意义是不难理解的。如果有人对任何一位历史学家说，他未能把本质之物与非本质之物分开，那么，这位历史学家一定会感到：这是对其科学性的质疑。因此，他也会毫不犹豫地承认：他只能描述那些“重要的”、“有意义的”和“有趣的”东西；或者像人们可能会说的那样，他一定会对以寻得蚯蚓为乐的人投去轻蔑的目光。这样看来，所有这一切都是如此显而易见，以致根本无需加以明确说明了。然而，这里恰恰隐藏着一个问题，而且，只有意识到历史学对象与价值——这是文化财富所固有的——的关系，这个问题才能得到解决。哪里缺乏这种联系，哪里的事件就是“不重要的”、“无意义的”和“无趣的”，因而就不能成为历史学描述的对象。对自然科学来说，则没有这种意义上的非本质之物。因此，当人们说历史学家必须懂得区分“重要的东西”与“无意义的东西”时，他们所含蓄地主张的东西，恰恰就是价值联系的原则所明确地表达的东西。

不过，价值联系的概念还必须从另一方面加以澄清，特别是必须把它作为一个纯粹理论的原则与那些可能与之混淆的概念区分开来，以便不至于产生这样的假象：仿佛这里为历史学所提出的任务，是它作为科学可以并且必须加以拒绝的。一个流传甚广的信条是：任何价值观点至少都应当从各门专门科学中被排除出去。人们必须满足于现实的东西。物是否有价值，这和历史学家毫不相干。对于这样的信条，应当做何评论呢？

从一定意义上说，这种说法是十分准确的。实际上，历史学家不必确定物是否有价值，只需描述曾实际存在的东西即可，因为他是一个理论家，而不是一个实干家。因此，我们还必须表明：如果正确地理解这些说法，那么，我们的历史学概念与之并没有任何矛盾。为了这个目的，同时也是为了避免误解，不妨首先再概括一下到目前为止我们从文化概念的角度就价值和现实以及二者的相互关系所做的阐述。

价值不是现实，既不是物理的现实，也不是心理的现实。价值的本质在于它的效果，而不在于它的实际的真实性(Tatsaechlichkeit)。然而，价值与现实是相互关联的，而且，此前我们已经了解了其中的两种关联。首先，价值可以依附于一个对象，从而使这个对象成为财富。其次，价值可以关联于一个主体的活动，从而使这个活动成为评价。人们应当这样看待财富和评价，即按照与之相关的价值的效果，追问并试图确定：一笔财富是否真的配得上财富的美名，或者一个评价做得是否正确。当我们打算实际上对于对象采取态度时，我们就是这样做的。不过，我谈及这一点只是为了指出：在研究财富和评价者的时候，历史文化科学并不能为这样的问题提供任何答案。如果它们提供这样的答案，它们就要做出评价，而对于对象的评价绝不能构成对于对象的历史学理解。价值的效果是不是一个理论问题，它在多大程度上是一个理论问题，以及哲学对价值采取何种态度，对于这些问题我们在此没有讨论的必要。一个历史学的问题不是价值的效果，肯定的或否定的评价也不构成历史学家的任务。由此看来，那种认为应当把价值观点从历史科学中清除出去的看法无疑是正确的。

因此，要想表达作为一门理论科学的历史学的本质，就必须对我们所说的与价值相关的方法和评价的方法做出最为严格的区分。就是说，对于历史学来说，只有在下述情况下价值才在被考虑之列：价值实际上已经受到了主体的评价，因而某些对象实际上已

经被视为财富。因此，即使历史学与价值相关，它也绝不是评价的科学。毋宁说，历史学只是要对存在的东西加以确定。正如里尔[①]所反驳的那样，下面的观点是不正确的：使某物“与价值相关”和对某物“进行评价”，乃是精神的同一个不可分割的判断活动。恰恰相反，在实践的评价和理论的价值联系中，存在着两种在逻辑本质上有原则性区别的活动，遗憾的是，迄今为止人们对此还没有给予足够的注意。与实践的评价相反，理论的价值联系始终存在于确定事实的领域。文化人（Kulturmenschen）承认特定的价值是价值，继而努力把这些价值所依附的财富创造出来，这是一个事实。历史学家往往把这一事实默认为前提，而且必须以此为前提，至于价值的效果，作为经验科学研究者的历史学家则不必深究。只有着眼于这一事实，而不是着眼于价值的效果，现实对于历史学来说才分为本质成分和非本质成分。即使没有任何一种被文化人所评价的价值具有独立于评价的价值，下面的说法仍无论如何都是正确的：就实际被评价的价值的实现而言，或者就这些价值所依附的财富的产生而言，在全部现实中只有一些被筛选出来的对象才是有意义的，而且，在每一个这样的对象的全部内容中，又只有一个特定的部分被列入考虑之列。因此，即使没有历史学家所做的评价，与纯粹异质的对象不同的历史的个别性，还是会基于对象与价值的理论联系产生出来。

然而，显而易见的是：不仅那些促进文化财富实现的东西，而

① 里尔：《逻辑学与认识论。现代文化》(Logik und Erkenntnistheorie. Die Kutur der Gegenwart)，1907 年版，第 101 页。

且那些阻碍文化财富实现的东西，都成了在历史上重要的和有意义的东西。只有纯粹异质的、与价值无关的东西，才会作为非本质之物被排除掉，这种情况应当足以表明：认为一个对象对价值和文化财富的实现有意义，这绝不意味着对这个对象进行评价，因为评价必须始终是肯定的或否定的。对于一种现实所具有的肯定或否定的价值，这可能是充满争议的，尽管其基于价值联系的意义是毋庸置疑的。例如，就其作为历史学家而言，历史学家不能对法国大革命对法国或欧洲起了促进作用还是破坏作用这一点做出裁决。这种裁决是一种评价。与此相反，任何历史学家都不会怀疑这样一点：法国大革命这个名字所涵盖的那些事件，对于法国和欧洲的文化发展是有意义的和重要的；因此，必须从其个别性方面把这些事件作为本质之物纳入对于欧洲历史的描述之中。这绝不是一种实践的评价，而是一种与价值的理论联系。一言以蔽之，评价必须始终是赞美或责备。二者均与价值无关。

这恰恰就是我们的观点。当历史学表达出赞美或责备的时候，它就跨越了自己的界限，即不再是关于实在的存在的科学了，因为赞美或责备只有借助于一种其效果已经得到证实的价值的尺度才能做到言之有据，而这不可能是历史学的任务。当然，没有人因此就要禁止历史学家对他所考察的事件采取评价性态度。甚至也许没有一部有意义的历史著作全然不包含任何肯定或否定的评价。应当强调指出的只是：评价不属于历史的概念建构的概念；只有通过与主导性文化价值的联系，事件的历史重要性或意义才能得到表达，而这种重要性或意义和对事件的肯定或否定的评价完全是两回事；因此，从逻辑上说，如果没有理论的价值联系，一种个别化的概念建构是不可能的，而如果没有实践的评价，这种建构却仍然是可能的。里尔说得没错：依照历史学家在观察历史事实时所处的不同关系，同一个历史事实被关注的程度可能极为不同，而它的客观价值则始终是一样的。不过，这并没有像里尔所认为的那样，是对上述观点的反驳，而只是有助于对它的证实而已。就其仅仅作为历史学家而言，"客观价值"与历史学家毫不相干，就是说，他不必关心这种价值的效果。正因如此，随着关系的不同，亦即随着历史学家对于对象进行理论观察时所依据的主导性价值观点的不同，"重点"亦即对象对于由不同的文化价值所引导的不同的专门描述所具有的意义也就可能有所不同。

同样，爱德华·梅耶的反驳[①]只不过进一步解释和加强了我关于历史的概念建构的本质的观点。为了表明价值的观点如何制约着对于本质之物的筛选，我已经指出过这样一点：腓特烈·威廉四世拒绝接受德意志皇冠，这从历史学角度来看属于本质之物；相反，为腓特烈·威廉四世缝制外衣的裁缝，虽然也同样是真实的，在历史学上则是无关紧要的。[②]梅耶反驳道：诚然，这个裁缝对于政治的历史的确始终是无关紧要的，不过，我们很可以设想：在一部时装史、裁缝业史或者价格史上，他就成了历史学意义上的本质之物。他这样说无疑是正确的。就此而言，我本不该用裁缝做例子，而应该另行选择一种现实：它对任何历史学描述来说都不可能是本质性的；或者我本该明确地强调裁缝对于政治历史的非本质

① 爱德华·梅耶(Edward Meyer,1855—1930,德国历史学家。——译者)：《历史学的理论与方法》(Zur Theorie und Methodik der Geschichte),1902年版。

② 《自然科学概念建构的界限》,第325页,第二版第290页以后。

性。但是,撇开这一点不说,梅耶的话恰恰证明了:随着主导性文化价值的变化,历史描述的内容也会发生改变;而且,与文化价值的理论联系制约着历史的概念建构。同时,这又一次表明:对于客观价值的评论,完全不同于与价值的历史联系,因为如果不是这样,就不可能出现这样的情况:同一个对象对于一种描述来说是本质性的,而对于另一种描述来说则是非本质性的。

一旦弄清了理论的价值联系以及它同"实践的"评价之间的区别,便不会有人担心陷入下面进退两难的境地了:当他试图躲避吞没了一切个别性的一般化方法的卡律布狄斯[①]时,又会陷入非科学评价的斯库拉[②],从而作为科学家遭受灭顶之灾。这种担心的确常常促成这样一种局面:历史学家拒绝承认价值联系是其科学活动的一个不可或缺的因素。与此相应,兰普雷斯特则相信:他可以得意地对我的这本书品头论足了。他认为,按照我对历史学方法的"如实"阐述,再外行的人也不会看不清它与真正的科学思想的明显矛盾,因此,他希望我的著作在历史学家中间得到最为广泛的传播。显而易见,在他看来,当历史学家们认识到他们的方法依赖于价值联系之后,他们就会皈依他的"自然科学的"、所谓与价值

① 卡律布狄斯(Charybdis):希腊神话中海王波塞冬与大地女神该亚之女,因偷宰了大英雄赫拉克勒斯的牛羊,被宙斯囚禁于墨西拿海峡的一侧(另一侧则由斯库拉驻守)。她积愤难平,每日三次吞吐海水,形成一个巨大的漩涡,将过往的船只吞噬。——译者

② 斯库拉(Scylla):希腊神话中吞吃水手的女海妖,有六个头十二只手,腰间缠绕着一条由许多恶狗围成的腰环,守护着墨西拿海峡的一侧(另一侧则是卡律布狄斯)。——译者

无关的方法。[①] 现在,下面一点想必已经非常清楚:为什么历史学中对价值观点的畏惧,就像兰普雷希特的得意一样,都是不合理的。个别化的历史学能够像自然科学那样,成功地避免非科学的评价。只有通过理论的价值联系,历史学才能与自然科学形成对照,但历史学的科学性并没有因此受到质疑。

为了阐明价值联系的本质,特别是它对于历史科学的意义,我还要补充下面的内容。首先是一种术语上的讨论。因为人们已经习惯于把在价值观点下所做的任何一种观察都叫作目的论的,所以,他们在历史学中也可以只讲目的论的概念建构,而不谈价值联系的概念建构。我自己以前就这样做过。不过,最好或者完全回避这个含义不清的、因而易被误解的词,或者严格界定和限制它的含义。[②] 不仅必须把理论的价值联系与评价严格区分开来,而且也不要产生这样的假象,仿佛任何源于(历史学所处理的)个人的有意识的目的设定的东西,都应当通过历史学中的一种"目的论的"概念建构加以解释。至于这一点是否可能的问题,我们在这里不予讨论,因为它关系到历史学的内容。这里要做的只是把方法论的观点提出来:历史学借助于这种观点对现实的异质的连续性加以塑造,从而为个别的形成物划定范围。至于这一形成物的内

① 《德国中央文学报》(Literarisches Zentralblatt),1899 年,第二期。在过去几十年间,就价值问题的观点变迁而言,下面的情况颇为引人注目:现在,R. 维尔布兰特对马克斯·韦伯提出了责难,他想根据我的文化科学理论,把评价从国民经济学中清除出去,只承认理论的价值联系。

② 在《自然科学概念建构的界限》第二版(第 333 页以后)中,我已经这样做了。因此,人们再也不应该说,我把历史的方法叫作"目的论的"方法了。这样的说法不能说明事情的真相,因为我恰恰不赞成人们习惯上叫作"历史目的论"的东西。

容何在，这是知识论无法决定的。

尤其不应把“历史目的论”理解为可能与对现实的因果性解释相冲突的观点，因而把这里所探讨的方法论问题，当作在因果性和目的论中二选一的问题，这是误导性的。[①] 个别化的、与价值相关的历史学，也要研究它所处理的一次性的、个别事件之间的因果关系。这些因果关系并不完全等同于普遍的自然规律，尽管为了描述个别的因果关系[②]，人们很可能也需要一些普遍概念，作为历史概念的概念要素。问题的关键是：即使在追问原因的时候，历史学中筛选本质之物的方法论原则也是依赖于价值的。只有那些对于财富的实现有独特意义的原因才会被列入考虑之列，就此而言，这种“目的论”是绝不会与因果性相对立的。

如果我们还记得：只有借助于与价值相关的概念建构，诸历史事件才能被作为一个发展序列的诸阶段得以表达，那么，这种概念建构的本质就暴露得更加清楚了。在历史学中，同样的原则既支配着“发展”这个含义模糊的概念——这个概念被公认为真正的历史范畴，又为我们提供了历史的概念建构的指导性观点。首先，我们不能把任何一个经常重复出现的东西——比如，小鸡在鸡蛋中的发育——理解为历史发展，我们要考虑的始终是一个特殊的一

① 参见马克斯·阿德勒（Max Adler，1873—1937，奥地利哲学家。——译者）：《科学争论中的因果性与目的论》（Kausalitaet und Teleologie im Streite um die Wissenschaft），1904年版。顺便说一下，该书（其中的一部分是反对我的观点的）的内容要比它的标题好一些。

② 参见瑟加斯·赫森（Sergius Hessen，1887—1950，俄国哲学家，新康德主义者。——译者）：《个别的因果性：先验经验论研究》（Individuelle Kausalitaet. Studien zum transzendentalen Empirismus），1909年版。这本书以我的历史因果性概念为出发点，并以一种有趣的方式发展了这一概念。

次性的发展过程。其次，我们不能把这个发展过程理解为一系列全然与价值无关的变化阶段，而只能理解为一系列这样的阶段：就一个事件通过价值联系所受到的强调会对它的前提发生影响而言，这些阶段是相对于一个有意义的结果本身而成为有意义的。因此，当我们说只有通过个别化的、与价值相关的概念建构，才会有文化事件的发展历史时，这不过是一个更加宽泛的说法，这种说法同时兼顾到了现实的永不停息的变化。正如文化价值把狭义的个别性，亦即所有那些因独特而有意义的东西，从一个实在对象的纯粹异质性中提取出来一样，文化价值也把一个历时性的、受制于因果性的变化过程中那些历史学上的(geschichtlich)本质成分，整合为一个历史上(historisch)重要的、个别的发展过程。

借助于这个历史发展的概念，就可以对应当如何看待下述主张的问题做出评判：历史学家是按照历史效用的程度，从他的各种材料中进行筛选的。就其本身而言，可以认为这句话道出了几分实情，因为事实上许多事件的历史意义，仅仅在于它们对于文化财富所产生的效果。因此，某种东西不是作为起作用的环节进入一个有历史意义的发展系列，这样的东西怎么会获得历史意义，这往往是不可思议的事情。但是，如果这个主张反对价值观点是筛选材料的标准的观点，它马上就会成为错误的。历史的效用绝不能等同于纯然与价值无关的效用，就是说，单纯的效用本身绝不能充当一个标准，用以决定什么是历史学上的本质之物。诚然，任何一个事件都会发生一定的作用。有人说：当我跺脚的时候，天狼星也会颤抖。然而，正像大多数其它的作用一样，这种作用在历史上完全是非本质性的。毋宁说，“有历史效用的”仅仅是这样的东西：它产生有历史意义的效用，而这无非是再一次表明：文化价值是筛选历史学上本质之物的标准。只有当人们业已根据一种理论的价值联系，确定了什么是历史学上的本质之物的时候，他们才能追溯原因或者前瞻效果，继而把这样的东西纳入描述之中：这些东西凭借自己的特性，促成了历史上本质性事件的实现。

因此，如果有人像爱德华·梅耶[①]和里尔[②]那样说：对于历史学中本质之物的筛选不是按照价值的观点，而是按照历史效用的程度进行的，那么，这就是一种虚假的对立，只不过它的虚假性被“有历史效用的”这个表达方式的含混性掩盖起来罢了。历史学必须描述有历史效用的东西，如果说这个命题是正确的，那么，它只不过是下述说法的另一种表述：历史学只与那些对于文化价值来说是本质性的作用打交道。鉴于单纯的效用原则绝不能替代价值联系的原则，我们还是更喜欢用我们的表达方式，因为只有它才毫不含糊地说出了问题的关键。如果没有价值的观点对哪些作用在历史学上是本质性的做出裁定，作为筛选原则的历史效用概念是什么也做不成的。

最后，为了防止误解，必须明确地把历史发展的概念与进步的概念区分开来，而这又必须借助于评价与价值联系之间的区分才能做到。为了成为与历史发展相当的东西，单纯变化的系列包含的内容太少，而进步系列所包含的内容又太多。如果说“进步”一词应当有一个确切的意义的话，那么，它的意思就是价值的提升，

① 《历史学的理论与方法》，1902 年版。

② 《逻辑学与认识论》，第 101 页。

就是文化财富的价值的提高。因此，对于进步或退步所下的每一个论断，都包含着一种肯定或否定的评价。把一系列变化叫作进步，这往往意味着这样一种主张：每一个后续阶段都比前一阶段实现了更高的价值，而且，只有同时对价值的效果有所陈述的人——他在价值中没有看到进步——才会做出这样一种评价。但是，因为历史学不必寻求价值的效果，它要考虑的仅仅是某些价值实际上被评价了这一事实，所以，它也绝不能对一个变化系列是一种进步还是一种退步做出裁决。由此看来，进步的概念属于历史哲学，后者从历史事件所体现的价值的角度，去解释历史事件的"意义"，并就过去是有价值的还是无价值的做出评判。至于这样一种历史哲学的描述在多大程度上可以成为科学，在此可以先搁置不论。经验的历史描述是不涉及历史哲学的。就历史学一词在专门科学中的含义而言，任何一种评判都是"非历史学的"。

为了结束对于个别化的概念建构与价值联系之间的关系所做的阐述，现在只需再强调下面一点。我们说过：以其历史学家的身份而言，历史学家不必寻求指导其描述的那些价值的效果。尽管如此，他并不会把它的对象与随便什么价值联系起来。毋宁说，他假定了：他的描述所面向的读者们，即使不承认或至少不理解这些或那些特殊的财富是价值，也会像他本人一样承认或者至少理解宗教、国家、法律、习俗、艺术和科学的普遍价值——着眼于这样的价值，历史学上所描述的事件才成为本质的东西——是价值。因此，在确定文化概念一词的意义的时候，不仅必须强调价值概念对于区分文化事件和自然所起的决定性作用，而且同时必须强调：文化价值或者事实上被普遍地——就是说，被所有人——评价为有效的，或者至少被文化共同体的所有成员期望为有效的。

正是文化价值的这种普遍性，排除了历史学概念建构的主观专断，因而构成了这种概念建构的"客观性"的基础。历史上的本质之物，应当不仅对于这个或那个单个的个体是有意义的，而且必须对所有人都是有意义的。当然，从哲学的观点看来，在历史客观性的概念中同时还隐藏着一个问题。不过，就眼下的讨论而言，我们可以搁置这个问题。在这里，我们必须处理的仅仅是历史学的经验的客观性，也就是这样的问题：历史学家是否停留在断定事实的范围之内。显而易见，即使从文化价值的普遍性的角度来看，经验的客观性原则上也是有保障的。特定的财富在一个文化共同体内部得到普遍评价，或者人们期望共同体成员对这些价值所依附的那些现实加以保护，进而对文化加以促进，这是一个原则上和任何其它事实一样可以被确定的事实。历史学家可以满足于这样的事实。

对于从普遍文化价值的概念这个角度去规定个别化方法的做法，现在只需再明确补充一点。如果上述意义上"客观的"历史描述只能被得到普遍评价的价值所引导，那么，说下面这番话的人看上去毕竟有几分道理：其实根本就没有关于特殊之物和个别之物的科学。事实上，这种说法在下面的意义上是对的：为了能够进入科学，特殊的东西必须同时具有普遍意义；此外，科学从科学上加以描述的仅限于特殊之物的普遍意义所依据的东西。的确如此，甚至应当毫不含糊地强调这一点，以便不造成这样的假象：仿佛历史学就在于单纯地"描写"单个的事实。同自然科学一样，历史学也使特殊之物隶属于一种"普遍的东西"。不过，同样确定无疑的是，自然科学的一般化方法与历史学的个别化方法之间的对立依然存在。历史学意义上的“普遍之物”，不是普遍的自然规律，也不是普遍的概念（对这样的概念来说，每个特殊之物不过是众多其它事例中的一个“事例”），而是文化价值。这种价值只有借助于一次性的、个别的东西才能形成，就是说，它同现实的关系是如此密切，以致这些现实通过它才成为文化财富。所以，虽然我把一个个别的现实与一种普遍价值联系起来，但这个现实并没有因此变成一个普遍的类概念的样本，相反，它始终因其个别性而具有意义。

我要再一次对以上讨论的内容加以总结。我们可以从概念上把两种经验-科学的工作彼此分开，却无意因此就说：它们事实上总是分开的。我所强调的只是纯粹的形式。一边是各门自然科学。“自然”一词不仅从其对象的角度，而且从其方法的角度刻画了这些科学的特征。自然科学在其对象中看到的是一个与任何价值联系无关的存在和事件，它们的兴趣在于：认识适用于这个存在和事件的普遍的、概念的联系乃至——如果可能的话——规律。对于自然科学来说，特殊的东西不过是“样本”。这一点既适用于物理学，也同样适用于心理学。二者都不从价值和评价的角度对各种不同的物体和心灵进行区分；二者都把个别之物作为非本质的东西加以剔除；而且，二者通常都只把大多数对象所共有的东西纳入自己的概念之中。从原则上说，没有任何对象能够逃避这种自然科学的处理方式。自然就是与价值无关的、被一般化方法所理解的整个现实（Gesamtwirklichkeit）。

另一边则是各门历史文化科学。我们缺乏一个与“自然”这个表达方式相对应的词作为这些科学的标志，不仅从这些科学的对象的角度，而且从其方法的角度对这些科学加以刻画。因此，我们必须选择两种表达方式，与“自然”一词的两种意义相对应。作为文化科学，它们处理与普遍的文化价值相关的对象；作为历史科学，它们在其特殊性和个别性中描述这些对象的一次性发展过程。存在着文化事件这一情况，同时为其历史的方法提供了概念建构的原则，因为对于这些科学而言，只有那些在其个别特征中对于起指导作用的文化价值有意义的东西，才是本质性的东西。因此，这些科学通过个别化的方法，把某些东西作为“文化”从现实中筛选出来，这与自然科学处理这些对象的方式极为不同，后者通过一般化的方法，把同一个现实看作“自然”。因为在大多数情况下，一个文化事件的意义恰恰依赖于使它区别于其它文化事件的那种特征；为它和其它文化事件所共有，因而构成它的自然科学本质的东西，对于历史文化科学而言反而成了非本质性的。

最后，就物体与精神的对立而言，如果可以把“心灵的”叫作“精神的”，那么，就始终存在着精神的事件，而这正是文化科学所要处理的对象。然而，“精神科学”这个概念并没有把这些科学的对象和方法与自然科学的对象和方法区分开来。因此，人们应当在方法论中完全放弃这个意义含糊的表达方式。假如把精神的东西等同于心灵的东西，这个表达方式对于从逻辑上把科学划分为两大类就失去了任何意义。诚然，人们可以干脆说：只有在自然科学内部，精神和物体的原则区分才是有意义的。物理学只研究自然的存在，心理学只研究心灵的存在。与此相反，历史文化科学却没有任何理由谋求这种原则区分。它们把心灵的东西和物理的东西一同纳入自己的概念之中，并不特别理会这种对立。就此而言，只要人们还没有对精神这个概念做出精确的规定，“精神科学”这个表达方式就完全是误导性的。

只有当人们赋予“精神”一词这样一种意义，原则上不同于“心理的”这个表达方式的意义，只有那时把各门非自然科学的学科叫作精神科学才能获得一种意义。从前，“精神”一词曾经有过这样一种意义，不过那时人们把它理解为某种与价值概念不可分的东西，亦即一种“高度”发达的心灵生活：它呈现出公认的形式和特征，而这些只有在文化中才能形成。因此，当一个人尊重并维护宗教、品德、法律、科学等财富时，简言之，当他不是一个单纯的自然存在（Naturwesen），而是一个文化人时，他就是“精神性的”，而不单纯是心理性的。结果是：“精神科学”一词的这层意义其实与我们所理解的文化科学是一样的，于是，争论的问题就变成了术语的问题。只是由于“精神”一词的原有意义犹在耳畔，人们才在专门研究者的圈子里保留了精神科学这个术语。假如人们所理解的精神科学是关于心理生活的科学，他们就绝不会在那个圈子里保留这一术语了，这个表达方式的不恰当性也就马上显而易见了。那些不想把心理学当作文化科学的“基础”的人，之所以今天还在使用精神科学一词，不过是因为这个词的多义性和原则上的模糊性。

人们还必须注意下面的事实。在 19 世纪作为新生事物得到巨大发展并为它那个时代的科学生活——不同于此前的自然科学的世纪——打上烙印的，首先不是关于心理生活的科学。人们以前就已经研究过心灵生活，而且，当今的心理学无论取得了多么可喜的进步，它的绝大部分是与自然科学时代的心理学联系在一起的。下面的情况绝非偶然：心理物理学（Psychophysik）是由这样一个人创立的，他作为哲学家支持一种与斯宾诺莎主义近似的泛灵论，而绝不是一种历史取向的世界观。[①]在19世纪的专门科学领域中，原则上的新事物首推研究文化生活的那些伟大历史学家的成就。他们受到了德国唯心论哲学的巨大推动，这种哲学主要从历史文化生活提取自己的问题，相应地，也从历史文化生活角度对“精神”的概念做了规定。由于这个用法已经过时，而且以前被称为精神生活的东西，现在已被叫作历史文化生活，所以，我们已经系统论证过的历史文化科学这个术语，便获得了与当下的局面相适应的历史权利。

最后，这些思考再一次把我们引向了前面曾经被搁置的问题：哪种心灵生活不能完全按照自然科学的方法进行处理；文化由于自己的精神特征可以不服从自然科学的专制统治这个主张具有怎样的相对权利。在心灵生活所特有的那种统一性（Einheit）中，就它仅仅是心灵生活而言，我们是无法回答上述问题的。相反，如果我们考察历史上那些重要的文化人物（Kulturpersoenlichkeiten）的心灵生活，并把这样的生活叫作精神生活，那么，我们事实上可以从中发现一种特殊类型的“精神”统一性，它是一般化地建构起来的概念所处理不了的。于是，就有可能出现这样的观点：有一种特殊的精神科学的方法，或者必须创建这样一门心理学：它与说明

① 心理物理学系实验心理学的分支学科，研究心理量与物理量之间的数量关系，或者说研究心身或心物之间的函数关系。“心理物理学”的概念最早由德国哲学家、物理学家和心理学家古斯塔夫·西奥多·费希纳（Gustav Theodor Fechner，1801—1887）提出。在哲学上，费希纳持泛灵论观点，认为凡物皆有灵魂。主要著作有：《心理物理学纲要》（1860）、《论心理物理学》（1887）、《美学初探》（1886）等。——译者

性的、使用自然科学方法的心理学有原则性区别。然而，一旦我们意识到这种“精神”统一性的本质是基于价值联系的，我们就会认清这种观点的欺骗性。

如果要描述的是歌德或拿破仑的心灵生活，那么，一般化的心理学概念在这方面的确没有太大用处。事实上，我们在这里所面对的是一种不能从心理学上加以“说明”的生命统一性。不过，这种统一性不是源自作为主体的逻辑统一性的“意识”，也不是源自使每一个自我成为一个完整关联的心灵的“有机”统一性，而是基于这样的事实：特定的心理关联因文化价值而转化为个别的统一性，一旦人们将之纳入普遍的心理学概念，这种统一性便会顷刻化为乌有。因此，不能被一般化的“精神的”生命统一性，就是文化人物的个别的统一性，这种统一性就其文化意义而言是与一个不可分的个别的整体联系在一起的。这样说来，文化人物的这些“生命统一性”，与眼下流行的把自然与精神的对立看作身体与心灵的对立的做法毫不相干。因此，那种认为为了研究这种统一性我们需要一种“精神科学的”方法或一种全新的心理学的观点，也就不攻自破了。不仅现在已有的自然科学的心理学，而且任何关于精神生活的普遍性理论，都取消了这样的历史统一性。只要人们坚持个别性的统一性（这种统一性依赖于它所固有的不能被任何其它个别性所取代的、就此而言是独特的文化意义），那么，这种统一性的本质便只有个别化的、历史的方法才能领悟。

十一　中间地带

照前面的说法，只要把探究规律或普遍概念的自然科学与历史文化科学加以对照，正如我所相信的那样，就可以找到把经验科学的工作分为两类的那种决定性区别。但是，正如我已经说过的那样，不仅历史的方法常常侵占自然科学的领地，而且自然科学的方法也常常侵占文化科学的地盘。如此一来，我们的问题就变得愈加复杂了。因此，必须再一次特别强调，我们在这里只是想指出两个极端，科学工作就在二者之间的中间地带进行。为了充分而清晰地表明我们想表达的是什么，我们不想表达的是什么，我们还要明确地考虑科学的概念建构的若干混合形式。不过，我必须仅限于勾勒最普遍的逻辑原则，因此只能把进一步的问题指出来，这些问题有待更为深入的研究才能解决。[①]

---

① 在拙著《自然科学概念建构的界限》中，人们可以找到这种研究。特别参见第264页以后和第480页以后；第二版，第235页以后和第429页以后。如果有人想对我的观点进行批判性的分析，他就必须考虑我在那里发展起来的思路。我的这些观点并不像人们常常说的那样，是某种“让步”。毋宁说，就经验的专门科学而言，它们那在逻辑上被实际运用的方法论——对于这样的方法论，我们了解得还不是很多——的要点，全部存在于我的那些观点中。如果谁不注意这一点，因而认为，譬如，根据我的观点，对于文化对象的任何研究都必须采用历史的方法，那么，他就会误解这里发展起来的思想。人们必须彻底放弃这样的观点：全部专门科学都可以被纳入一个类似自然科学和精神科学那样的二分图式之中。

说到自然科学中的历史因素，首推近来的生物学，特别是所谓的种系发生生物学。众所周知，这种生物学试图从其特殊性方面描述地球上生物的一次性的成长过程，正因如此，它往往也被称为一门历史科学。在下述意义上这种说法有其合理之处：虽然这种生物学完全是依照普遍概念进行工作的，但这些概念是这样被整合起来的，以致它所研究的那个整体，是从其唯一性和特殊性角度表达出来的。因此，这种生物学之所以是历史性的，绝不像滕尼斯所误解的那样，是因为它通常与“发展”相关。胚胎学也涉及发展，但它为对象建构一种普遍概念，这种概念只包含那经常重复出现的东西。因此，事实上还没有人想要否认哈维[①]对鸡蛋发育的研究、斯帕拉捷[②]对精子发育的研究以及 C. F. 沃尔夫[③]对人类胎儿发育的研究具有自然科学的特征。诚然，一般进化论——按照这种理论，任何一个物种都是逐渐形成的，一个物种渐变为另一个物种——也完全是按照一般化的亦即自然科学的方法建构起来的，因而无论就形式意义还是逻辑意义而言，都与“历史学”毫不相干。但是，一旦人们尝试这样的叙述，即最先在地球上出现的是何种特殊的生物，在时间上继而出现的是何种生物，人又是如何在一次性

① 哈维（William Harvey，1578—1657）：英国生理学家和医生，发现了血液循环的规律，奠定了近代生理科学发展的基础。主要著作：《心血运动论》《论动物的生殖》等。——译者

② 拉扎罗·斯帕拉捷（Lazzaro Spallanzani，1729—1799）：意大利博物学家、生理学家和实验生理学家，在动物血液循环系统、动物消化生理等方面均有深入研究。主要著作：《略论动物的再生》、《关于陆生蜗牛头部再生的实验结果》等。——译者

③ C. F. 沃尔夫（Caspar Friedrich Wolff，1733—1794）：德国胚胎学家，胚胎学中后成论的创立者。——译者

的发展过程中逐渐形成的(对于这一切,一般进化论只有在下述情况下才会向我们交代一二:它把特殊事件用作普遍概念的事例),那么,从逻辑的观点来看,这种描述就是历史性的。因为这些尝试是近来才有的,所以,人们一定会说:在这些尝试中,历史的发展观念被应用或套用到物体世界——对于这个世界,人们以前习惯于只用自然科学的方法加以处理——之中了。强调这一点是十分重要的,因为只有这样才能弄清这些物体科学的逻辑结构,因为同样确定无疑的是:从存在种系发生生物学这一事实中,不能得出在历史学中应当应用自然科学方法的结论。如果人们试图像海克尔[①]描述"自然创造史"那样描述文化人类史,那么,他们在此过程中也绝不会采用一般化的亦即逻辑意义上自然科学的方法,而是会采用个别化的亦即历史的方法。

尽管如此,人们还是认为种系发生生物学的研究属于自然科学,因为在谈到"自然"一词时,他们想到的不仅是与历史的形式上的对立,而且往往是与文化的对立。这无疑是合理的。在此范围内,谈论"历史的"自然科学就获得了一种意义。然而,即使这些生物学的描述也不乏起指导作用的价值观点,把一次性的成长过程整合为一个形式意义上的历史的整体。人类被视为种系发生的发展系列的"顶点"。这样,人类就被赋予了一种特征,这种特征绝不是"自然的",因为它不是在不依赖于任何价值联系的情况下人类

① 海克尔(Ernst Haeckel,1834—1919):德国博物学家,达尔文进化论的捍卫者和传播者。主要著作:《普通形态学》《自然创造史》等。——译者

依然具有的。现在，人们可以从这个顶点出发，追溯人类的“史前史”，同时追溯文化的史前史，后者虽然还不是文化，而不过是质料意义上的自然，但是，它被放到了与文化的关系之中。所以，在这个地方，自然科学的见解与历史学的见解必然是最为紧密地联系在一起的。但是，人们不能从这一情况推导出对于我们的科学分类原则的任何责难。毋宁说，正是由于有了这样的原则，这些混合形式作为混合形式才成为可理解的东西，而这再一次表明：我们的分类表达出了本质性的方法论的区别。

如果人们还记得达尔文的理论——生物学正是发源于这种学说——是如何完成的，那么，自然科学和历史学在生物学中的联系就不再那么触目了。众所周知，这位生物学家从人类的文化生活中取得了他的若干基本概念，例如：淘汰、选择和生存竞争等。因此，我们不能期望：在达尔文之后发展起来的思想，可以被毫无困难地仅仅归入这里所描述的两大类科学中的一类。如果人们要把生物的整个系列不仅称为历史意义上的发展，而且同时称为一种进步，因而在这个系列中看到一种价值的提升，那么，他们只有通过下述途径才能做到这一点，即：把这个等级序列所通往的文化人类确立为绝对财富。这样，呈现在我们面前的，与其说是一种与价值相关的、历史的考察方式，不如说是一种历史哲学的考察方式。不过，这种历史哲学的基本原则，并不像人们常常相信的那样，取自自然和自然科学。毋宁说，人们把文化价值转移到了自然事件之上。至于这些有关从最原始的生物一直到文化人类的“发展”的历史哲学思想有什么科学价值，这里不宜对之做出评判。如果从自然科学的角度进行观察，这种发展既不是一种进步，也不是一种

退步，而不过是一个与价值无关的变化系列，需要考察的是这个系列之普遍的亦即同样地支配着各个不同阶段的规律。在生物学圈子中间，对于所谓自然科学的“创造史”——顺便说一下，达尔文本人对于这种历史是不承担任何责任的——的兴趣，似乎也已经减弱了。人们越来越意识到：他们从近代发展理论中得出的支持“世界观”的那些结论，不仅在哲学中导致了荒诞至极的离经叛道，而且对于生物学本身也毫无裨益。

从总体上看，对于种系发生生物学的兴趣似乎已经减弱。可以肯定的是，历史思想向生物科学的渗透起到了巨大的解放作用，因为物种概念浓缩而成的那些现实已经被永远打碎了。但是，首先，也许根据一种一般化的理论本来也同样能够达到这一认识；此外，似乎生物学在原则上完成了这一工作之后，就不再把对于“谱系”和“家谱”的历史建构看作自己的本职工作，而是致力于确定有机生命内部的普遍概念的关系。于是，这种努力越是突出，生物学——在它已经经历一种危机之后——就越是注定会再一次成为一门一般化科学，因而成为一门形式意义和逻辑意义上的自然科学。在达尔文之前，当生物学只想作为“个体发生的”发展学说的时候，就像在卡尔·安斯特·冯·贝尔那里那样，始终就是这样的科学。如果说生物学的结构看上去否定了我们对自然科学与文化科学所做的区分，那么，撇开历史哲学的思辨不谈，生物学根本不是通过达尔文本人，而是通过少数几个“达尔文主义者”，特别是通过海克尔，才获得了这样的结构。然而，甚至在海克尔那里，一般化的成分和与价值相关的、历史的成分，也能在概念上被严格地区分开来，尽管二者是混杂在一起的。达尔文的其他追随者的工作，

比如魏斯曼[①]的工作,具有明显的一般化的。因而逻辑意义上自的然科学的特征,所以,它们完全适应我们的图式。

就我们眼下的目的而言,文化科学中那些在方法上属于自然科学的亦即一般化的成分也许更为重要。到目前为止,我有意只谈论历史的概念建构,这些建构涉及的是严格意义上唯一的、一次性的事件。对于说明基本的逻辑原则来说,这就足够了,因为一个历史描述的整体,始终是作为一次性的对象并就其绝不重复的特征被加以考虑的。不过,为了使这种描述看上去不那么片面,现在还有必要注意下面一点。

虽然一个现实的文化意义总是依附于特殊之物,但特殊之物和普遍之物的概念也是相对的。譬如,如果我们相对于弗里德里希大帝、歌德或者俾斯麦来考虑德国人的概念,那么,德国人的概念就完全是普遍的概念。但是,如果我们相对于人的概念来考虑德国人的概念,那么,后者就是某种特殊之物。因此,我们也可以把这些相对特殊的概念叫作“相对历史性的”概念。文化科学要考虑的不仅是本来意义上的单个之物和特殊之物所具有的那种个别特征,而且在涉及有待理解的历史整体的各个部分时,它还要考虑为一组对象所具有的特征。事实上,没有一门文化科学不是借助于诸多“组概念”开展工作的,在一些学科中,这样的“组概念”是至关重要的。这样的相对历史性概念的内容完全不需要始终与相关的普遍概念的内容相一致,譬如,人们所理解的德国人的概念,决

① 魏斯曼(August Weismann,1834—1914):德国生物学家,种质论和新达尔文主义的创立者。——译者

不是只包含为构成民族大众的所有个体所共有的东西。对于这种形式的历史的概念建构，我在这里不予探讨。不过，在一个真正普遍的概念中，也可以找到这样一些特征：它们同时对于引导着历史的概念建构的文化价值具有意义，而且，大部分概念都将是这种情况：它们或者与处于最初发展阶段的文化事件相关，或者与这样的文化事件相关：对于它们来说，大多数人的爱好和意向具有决定性意义。

在这样的情况下，汇聚了大多数对象共同之点的科学的概念建构，有可能恰恰把下面的东西视为本质之物：它从文化意义的角度来看也是这组对象之中的本质之物。由此就出现了这样的概念：它们既具有自然科学的意义，又具有文化科学的意义；不仅可以在一般化的描述中被使用，而且可以在个别化的描述中被使用。由于一般化地建构起来的概念内容和与价值相关的、历史地建构起来的概念内容常常是完全一致的，所以，同一个研究者不仅可以按照自然科学方法，而且可以按照历史的方法处理这些内容。因此，原始文化研究、语言学、国民经济学、法学和其它文化科学，都包含着若干用一般化方法建构起来的成分，它们与真正的历史工作的联系是如此紧密，以致只能从概念上才能把二者分开。

在这样的上下文中，赫尔曼·保罗建议用“原则科学”(Prinzipienwissenschfaft)命名的那些研究的合理性和意义也就容易理解了。当然，我不能同意这样的说法：一门科学——它致力于历史地发展着的对象的普遍生活条件，研究就其本性和作用而言在一切变化中保持不变的那些因素——可以对历史科学的任何一个分支具有同样的意义。因为在涉及严格意义上的一次性事件和特殊之物的地方，一门原则科学的普遍概念最多是作为概念要素被使用的。不过，对于上述科学——它们像语言学一样，包含着特别多一般化地建构起来的成分——来说，这样的研究实际上一定具有较大的意义。

由于同样的理由，一般化的心理学也可以在这样的科学中发挥一定的作用。因此，在这个意义上，必须对前面的阐释加以补充。但是，人们绝不能因此重新把这门关于心灵生活的科学刻画为“每一门在较高意义上被理解的文化科学的最为重要的基础”，因为随着纯然个别之物的文化价值的提升和普遍的概念性研究的相应消失，这门科学的意义就会越来越小。那些最有意义的文化事件的情况正是如此。在一部关于宗教、国家、科学和艺术的历史中，唯一的个体绝不能是“非本质之物”。在这里，创造新的文化财富的冲动，几乎总是源自单个的个人，这是尽人皆知的，只要他不想因偏爱某些理论而故意置历史事实于不顾。因此，个人必定也会成为具有历史意义的，所以，在描述他们的过程中，仅仅用相对的历史性概念是不够的。

这种说法与下面的潮流无关：从伟大人物的动机和行为出发来“解释”历史，或者完全否认一切历史生命的因果制约性。人们喜欢把历史个人称作木偶，并且表明：拿破仑或俾斯麦本人已经意识到自己的木偶性质。至于这种说法是否合理，我们无需追问，因为对于历史学方法的抉择并不取决于这一点。木偶也属于个别的现实，因此，只能用个别的概念，而绝不能用一个普遍概念的体系对它们的历史加以描述。像任何现实一样，牵动木偶的线也是个别的。因此，即使历史学以纯粹的木偶为主题，它也总是要表明：

是哪些个别的、特殊的线，在此处牵动了这些有历史意义的木偶，在彼处牵动了那些有历史意义的木偶。况且，恰恰从自然主义者的意愿来看，拿木偶来做比喻并不太合适，因为木偶的活动最终一定会追溯到牵动着木偶的那些人的意图。因此，人们应当选择一个更好的比喻，来表达一切事件的因果制约性。在这里，重要的是要指出：甚至那些坚信一切历史事件之绝对因果制约性的人，也不能用普遍的规律概念来描述历史，而是必须明确：因果关系也不是普遍概念，而是一次性的、个别的实在；对这样的实在进行历史描述，需要个别的概念。一旦人们明白了这一点，他们同时就会认识到：自然主义者的全部论证——这些论证立足于一切事件的因果制约性，旨在表明：单个的个人对于历史是无足轻重的——都是毫无根据的。

不过，我无意对此做进一步讨论，因为现在已经非常清楚：一般化的文化科学固然可以限制我们的原则性区分，但绝不能废除这种区分，理由是：在这里，一个文化概念不仅规定着对象的筛选，而且在某些方面还使得概念建构或者对这些对象的描述成为与价值相关的和历史性的。就是说，文化科学中概念的普遍性有一个界限，这个界限有赖于一种文化价值。因此，无论就文化科学的兴趣来说确定这些普遍的概念关系是多么重要，在此过程中始终也只能采用相对少量的普遍性概念，以便研究工作不失去其文化科学的意义。从这方面来看，自然科学与文化科学之间的分界线还是存在的。

实际上，这条分界线常常被逾越，这对文化科学造成了伤害。在这种情况下，尽可能清楚地指出这条分界线就变得愈加迫切了。

现在，人们热衷于探寻所谓未开化民族的最原始阶段的文化现象，因为他们认为在那里有可能在其“最简单的”形态中去认识这些现象。这无疑有其合理之处。但是，即使借此可以达到对于距离我们较近的文化事件的理解，人们也必须有所提防，不要把事实上根本不属于所考察的事件的东西，硬塞到这些事件上去，不要因此把关于一个文化对象的历史概念扩展到那些不应再被称为文化的现实上去。譬如，人们一定要确认：一种被认为是“艺术”的活动，是否真的与被我们称为艺术的文化财富有某种共同之处。这一点只有借助于一个关于艺术的历史文化概念才能做到，而这个概念又是在一个审美价值概念的基础上被建构起来的。如果人们对此一无所知(在很多情况下，这种知识可能是难以获得的)，把原始民族的随便什么产品——在那些民族中，可能这些产品的制造者和接受者根本没有考虑过它们的审美价值——都放进来，只能在文化科学中造成混乱。因此，把对于原始文化的考察看作真正的科学研究，这无论如何是本末倒置的，因为基于上述理由，这些考察在很大程度上要借助于普遍概念亦即一般化的方法才能进行。此外，在研究较高的文化发展时，通过这种方式所获得的普遍性也会起“毁灭性的”作用。

在以经济生活为研究对象的文化科学中，也许普遍概念所占的空间最大，因为只要把这些活动完全孤立起来，那么，在这里常常被考虑的事实上不过是群体而已。因此，对这种文化科学而言的本质之物，往往是与一个相对普遍的概念的内容相一致的。譬如，在一个特定时期，一个特定民族中农民或工厂工人的历史本质，恰恰就是为所有单个的农民或工人所共有的东西，因此，关于他们的自然科学概念可以被建构起来。在这个地方，纯然的个别之物可能会退居次要地位，而对于普遍的、概念的关系的确定则占有最大的空间。[①]由此也可以理解：为什么使历史科学成为一门一般化的自然科学的努力，往往与下面的主张携手并进：严格说来，全部历史都应当被称为经济史。

然而，这恰恰再清楚不过地表明：这些把历史仅仅作为经济史亦即作为自然科学进行研究的尝试，是何等地不合理。因为显而易见，这些尝试基于一个完全是被随意选取的区分本质之物与非本质之物的原则，而且最初这样的原则之所以受到青睐，完全是由于一种非科学的政治态度。在孔多塞[②]那里，人们已经可以看到这样的原则，而所谓的唯物史观不过沿此方向走到了极端，因而是这种原则的一个经典例证。唯物史观在很大程度上依赖于一种特殊的社会民主主义的愿望。由于主导性的文化理想是民主主义的，于是就有了这样的倾向：认为历史上的伟大个人也是"非本质的"，只有来自于大众的东西才是有价值的。因此，历史编纂就会是"集体主义的"。从无产阶级的观点来看，或者从理论家们所认为的大众的观点来看，应该考虑的首先是偏向动物性的价值，结果

① 与我的方法论研究相关，人们一再讨论这样的问题：国民经济学究竟是一门历史的-个别化的科学，还是一门一般化的科学。我要明确地说：我不能对这个问题发表任何意见。这个问题必须由专门研究者来做决定。从逻辑的观点来看，对于经济生活所做的一般化的描述同个别化的描述一样，都同样是合理的。应当拒绝的只是这样的观点：国民经济学只应当采用一般化的方法。这是一种拙劣的方法论，没有为专门研究的不同"方向"留有余地。

② 孔多塞(Marie Jean Antoine Nicolas de Caritat, marquis de Condorcet, 1743—1794)：18世纪法国哲学家、数学家，启蒙运动的重要代表，著有《人类精神进步史表纲要》等。——译者

是:只有与大众关系更近的东西亦即经济生活才是“本质性的”。因此,历史也就成了“唯物主义的”。这根本不是一种经验的、与价值相关的历史科学,而是一种以粗暴的、非批判的方式虚构出来的历史哲学。在这里,被绝对设定的价值具有如此的权威性,以致只有对这些价值有意义的东西才成为真正的存在者,因而所有不是经济文化的东西都变成了单纯的“反映”(Reflex)。于是,由此便产生了一种彻头彻尾的形而上学的观点,从形式的方面来看,这种观点呈现出柏拉图式的唯心论或者概念实在论的结构。价值被实体化为真正的和唯一的现实。区别仅仅在于:胃的理想取代了头脑和心灵的理想。“理论家”拉萨尔[①]甚至建议工人们把他们的选举权看作胃的问题,因而也要带着胃的热情穿梭于整个国家的机体,因为没有任何力量能够长久地同胃相对抗。[②]如果有人从这种

① 拉萨尔(Ferdinand Lassalle,1825—1864):德国政治家、哲学家、法学家,工人运动指导者,社会主义者。——译者

② 《就在莱比锡召开全德工人代表大会致中央委员会的公开复函》(Offenes Antwortschreiben an das Zentral-Komitee zur Berufung eines allgemeinen deutschen Arbeiter-Kongresses zu Leipzig),1863 年。当我在本书第一版使用“胃的理想”这个表达方式时,我想到了上面所引的拉萨尔的那句话。托尼斯本来能够猜到这一点的。无论如何,他不应这样写:他没有看出“李凯尔特是从哪个泥坑里得到为他所特有的对于唯物史观的描述的”[《体系哲学文库》(Archiv fuer systematische Philosophie),第八卷,第 38 页]。托尼斯后来这样解释他的话语的“刺耳声调”:他“感觉自己被傲慢的口吻激怒了”(同上书,第 408 页)。这番话不过再一次证明:某些自然主义的历史观更多的是私人的事情,并且往往是被狂热地捍卫的“信念”,而不是冷静的科学论证。我书中的话语绝不是“傲慢的”,而是仅仅要确定下述事实:同任何一种历史哲学一样,“历史唯物论”是以特定的价值设定为基础的;它对唯心论的全部嘲笑,都是用新的理想替换旧的理想,而不是彻底消除“理想”。遗憾的是,托尼斯并没有尝试对此加以反驳。很多人是以旧有的方式、基于头脑和心灵的理想达到自然主义历史观的,对此我当然不会否认。但这只是从“人道的”方面,而不是从“科学的”方面抬高了这些思想家,因为这包含着一种矛盾,并且是“意识形态”上的一种倒退。

观点出发，最终把全部人类的发展看作“争夺食槽的竞争”，人们不应感到奇怪。

一旦人们明白了作为“历史唯物论”的基础的那些价值观点，他们就会看到：这样的历史编纂是如何看待客观性的。它更多的是党派政治的产物，而不是科学的产物。不可否认，历史学家们以前可能对于经济生活关注得太少了，经济史作为补充性的研究无疑有它的价值。但是，任何把一切现象都与作为唯一本质之物的经济史挂钩的尝试，都必须被视为迄今为止被尝试过的最为专断的历史学建构。

十二　量的个别性

在做了这样的限定之后，我们把文化科学与自然科学彼此对立起来的本意，就不会再遭到误解了，因而，一开始所提出的把经验科学分为两大类——只要阐明两种在逻辑上彼此对立的基本趋势，就可以做出这样的区分——的任务便可以认为已经得到了解决。不过，鉴于这里所做的尝试与通常的意见相去甚远，毫无疑问，它不仅获得了赞同，而且也遭到了来自不同方面的攻击。在这样一种旨在提纲挈领地表达要点的阐述中，是不可能对所有反对意见做出回应的。所以，我已经在几个地方明确指出：以后会在这方面进行补充。现在，我想尝试着至少就与各种疑虑相关的若干最重要之点再次做出澄清。

首先，人们可能对自然科学的一般化方法无论如何都不能理解个别之物和特殊之物这一点表示怀疑，因而他们也就不愿意承认：依据自然科学方法的历史学概念在逻辑上是背理的。其次，人们可能认为：即使没有价值的观点，一种个别化的概念建构也是可能的，因此，不应当在原则上把历史学的概念与价值联系的概念捆绑在一起。最后，即使没有这两种反对意见，人们也可能认为历史文化科学的客观性是成问题的，并把这种客观性与这些科学绝不能达到的、作为典范的自然科学的客观性加以对照。我们愿意就这三种疑虑逐一展开讨论。

说到使用自然科学方法的学科对于特殊之物和个别之物的理解，人们几乎总是会举出物理学和天文学作为这方面的例证。这绝非偶然，而且，造成这种情况的原因也不难发现。这两门科学都把数学运用于自己的对象。只需回想一下我们就科学用以消除任何现实的异质连续性的那两种方式所说过的话[①]，我们就会明白：为什么人们认为通过物理学和天文学的概念就能充分理解个别现实了。不过，从这个角度来看，人们也会很容易看到这里存在着一种错觉，就是说，即使现实可以被这些科学所理解，那也只有通过这样一种方式：它没有使我们在自然和历史之间所做的基本逻辑对立成为问题。为了达到这一目的，我们只需理解一种新的“个别性”概念，它在原则上既不同于任何现实的完全无法理解的、纯粹的异质性，也不同于进入历史概念的那种借助价值联系所形成的个别性。人们可以把这样的个别性概念界定为量的个别性概念，以区别于作为纯粹异质性的现实的质的个别性，以及历史的、质的个别性。

某些自然科学学科的概念建构满足于现实中那些可以被计算和测量的东西，因而，最终进入关于物体世界的最普遍理论的都是量的规定性。纯粹力学的观点就是纯粹量的观点。由于人们往往把概念混同于现实，于是就有了这样一种意见：物理学的纯粹量的世界本身就是一种像实在物体一样的实在，尽管这个世界的存在仅仅倚仗一种概念的区分。人们甚至干脆得出这样的结论：只有

① 参见本书第 36 页。

量的规定性才是“真正的”物体的现实，而所有的质都仅仅存在于“主体中”，因而属于“现象”。

谁受制于这样一种十分乏味、古怪至极的形而上学，谁就绝不能理解科学的概念建构的本质。在这里，我们不能对这种形而上学做深入考察[①]。实际上，我们的知识论只有在这样的前提下才是有价值的：现实就是那个前面已经说过的质的异质连续体；经验性学科的意义就在于认识这个经验的现实。如果人们坚持这一点，那么，量化的自然科学就很容易适应我们的理论。这就表明：量化的自然科学恰恰绝不能把现实的个别性和历史学的个别性——这样的个别性始终是质的——纳入它们的概念之中。

毫无疑问，人们必须承认：通过一般化的概念建构，物理学的纯粹量的“世界”是完全可以认识的，甚至其“个别性”也是可以被估算的。因为它的内容已经丧失了任何明显的异质性，而同质的连续性则完全可以借助于数学从概念上加以把握。我们可以借助于若干手段——在这里，这些手段不是我们的关注重点——精确地确定同质空间的任意一点。因此，那些认为这个纯粹量的世界就是一种实在的人们，只需把一些普遍公式彼此组合在一起，便可以把握这个“现实”的个别性。实际上，这种个别性不过是诸多普遍性的交点。据此人们就可以明白：(譬如)叔本华怎么会想到把空间和时间干脆叫作个别化原理；而且，很多人甚至现在还抱有这样的信念：说出某物存在于何时、何地，就构成了该物真正的个

① 关于这种生理学唯心论，参见我的《认识的对象》(Der Gegenstand der Erkenntnis)一书，1892 年第三版，1915 年，第 70 页以后。

别性。

只有在何种前提之下这样的信念才是确切的呢？人们必须追随 17 世纪的理性主义形而上学，把纯粹的广延亦即笛卡尔和斯宾诺莎的 extensio 与物体的现实等同起来，与此相应，对这种“现实”的最终部分或“原子”持如下看法：是它们组成了物体，正如点组成了数学上的线一样。这样，人们当然就可以认为，借助于自然科学的概念，物体任何部分的“个别性”都是完全可知的。但是，物理学的纯粹量的世界绝不是我们大家所理解的那种意义上的现实，这一点难道真的还需要证明吗？物理学世界中个别性的可知性，仅仅基于这样一点：人们从中排除了一切不能通过量的概念加以认识的东西，事实难道不是这样吗？因此，物理学世界中纯粹量的“个别性”，与我们所理解的一个经验现实的个别性和历史学所要考虑的那种个别性，除了名称之外还有更多的共同之点吗？

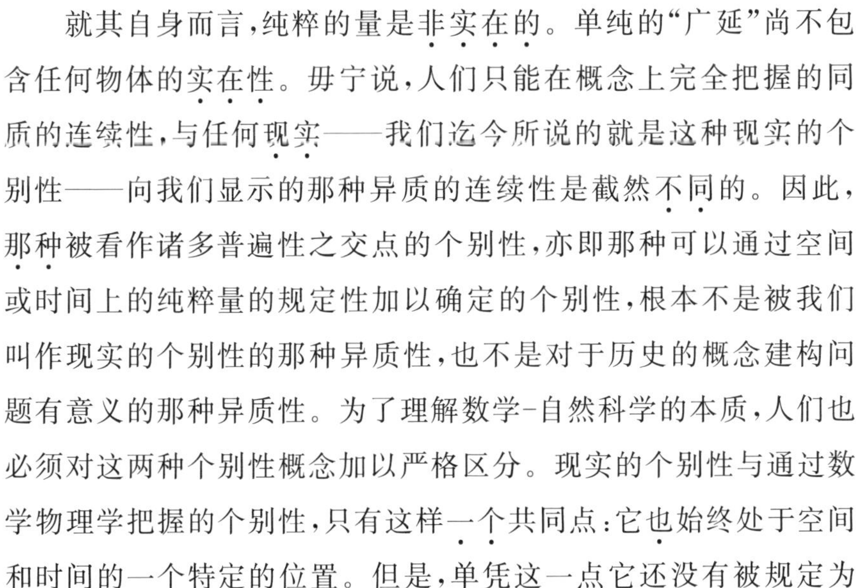

就其自身而言，纯粹的量是非实在的。单纯的“广延”尚不包含任何物体的实在性。毋宁说，人们只能在概念上完全把握的同质的连续性，与任何现实——我们迄今所说的就是这种现实的个别性——向我们显示的那种异质的连续性是截然不同的。因此，那种被看作诸多普遍性之交点的个别性，亦即那种可以通过空间或时间上的纯粹量的规定性加以确定的个别性，根本不是被我们叫作现实的个别性的那种异质性，也不是对于历史的概念建构问题有意义的那种异质性。为了理解数学-自然科学的本质，人们也必须对这两种个别性概念加以严格区分。现实的个别性与通过数学物理学把握的个别性，只有这样一个共同点：它也始终处于空间和时间的一个特定的位置。但是，单凭这一点它还没有被规定为个别性，甚至单凭这一点它在内容上还根本没有得到规定。因此，撇开空间和时间的量的规定性，无论人们使多少普遍性“相交”，他们都无法借此把握为一个一次性现实所特有、因而使该现实成为这个特殊的、绝不重复的个体的那种东西。

就其特殊性和个别性而言，人们所设想的现实物（Wirklichkeitsstueck）多大或多小，这是无关宏旨的。只要人们还打算设想一个现实，它能够与我们所知的其它现实一起被纳入一个概念之下，那么，他们就必须假定：这个现实像任何现实一样是异质的连续体，因而，从原则上说是概念的认识所无法穷尽的。为了把这一思想推向极端，我们可以回顾一下晚近物理学的宇宙观。按照这种宇宙观，一切物体都是由“电子”组成的。物体的现实通过电子就得到充分理解了吗？当然没有。物理学也把电子仅仅看作简单的、相同的东西，就像一个普遍的类概念的所有样本一样。如果人们把电子理解为现实，那么，它们必定充满空间。我们有权利认为这些电子是绝对同质的吗？我们是怎样假定这些实在的呢？我们所知的任何一个物体都不同于任何其它物体，而且，就其特性而言，任何物体都是非理性的，就像物体世界的整体一样。对于物理学所要研究的任何物体事物来说，情形也是这样。现实绝不可能是“原子”，绝不可能是逻辑意义上的“最终之物”（letzte Dinge）。现实的原子总还是多样的和个别的，除此之外，我们不知道任何其它的现实。因此，我们无权把它们设想为别样的现实，尽管对于物理学理论来说，它们的个别性可能是非本质性的。

总之，下面的事实也凸显了现实的异质连续性：物理学永远不能做完自己的工作。它所达到的，永远不过是倒数第二的东西

(Vorletzte)。它看起来好像达到最终之物的地方，这只是由于这样的事实：它忽略了那些尚未进入它的概念之中的东西。一个物体是一个更大物体的一部分，正如一个点是一条线的一部分，因而这个点的全部现实都是由它在线上的位置完全规定了的。这样的物体是一种概念虚构。它是关于一种理论价值的概念，关于一个"观念"的概念，关于一个"任务"的概念，却不是关于一个实在的概念。

必须再往前推进一步。甚至一条数学的线的同质连续性，原则上也不同于据说"组成"线的那些点的同质间断性。事实上，一条线绝不是由若干点组合而成的。既然这样，怎么能把现实的异质连续性看作"原子"——就这个词的严格意义而言，即简单的、彼此相同之物——的同质间断性呢？又怎么能认为现实就是这种完全可知的构成物呢？为了能够相信任何一个现实的个别性都可通过数学物理学的概念得以理解，人们必定已经全然忘掉了与纯粹量化的力学概念相对的东西，亦即他们在其清醒生活的每一瞬间在现实那里所体验到的东西。通过运用数学，通过把同质的连续性纳入概念之中，表面看来仿佛接近了个别性和现实，实际上却是最大限度地远离了现实，因为个别的现实绝不是同质的；一切可以从数学上被"个别化"的东西，就其自身而言都是非实在的，就像一切纯粹量的东西一样。无论如何，可由数学规定的量的个别性，既不是现实的个别性，也不是进入一个历史概念的那种个别性，这一点是不证自明的。

一旦人们明白了这一点，他们也就不会把天文学看作下述主张的反例了：任何现实的个别性都不能通过自然科学的规律概念

被纳入科学之中。毫无疑问,天文学可以精确地算出它用专有名词标识的那些个别天体过去和未来的轨道,可以把对日食和月食的预报精确到秒以下,可以报告早先发生日食和月食的个别时刻,所以,由它按照时间顺序确定历史事件也是可能的。人们常常把天文学看作可设想的最完美的知识,并由此出发形成了一种“宇宙公式”的理想,仿佛借助于这个公式就一定可以完全算出现实在其所有个别阶段的整个发展过程。尤其应当提到的是杜·布瓦-雷蒙[①],他使得这一思想风行一时,并在广泛的范围内助长了若干有关自然科学未来可能性的古怪至极的观念。令人奇怪的是,这些观念在逻辑学著作中也起到了破坏性作用,并且导致了这样一种看法:自然科学原则上可以像预报一个行星轨道那样,预报世界的整个历史进程。

要完全厘清这种宇宙公式的想法中的种种逻辑矛盾,那就走得太远了。就我们的目的而言,只要表明这样一点就足够了:这些思想的出发点就已经错了,因而没有任何牢固的基础。我们只需提出这样的问题:天文学能够算出的是天体的什么?进入其规律的又是什么?答案很简单。天文学所完全地并且就其个别性所理解的,只不过是其对象的量的规定性。譬如,天文学能够在其个别性方面报告个别的天体在过去、现在和将来所处的时间点和空间位置。因此,如果人们已经由史料获悉:某个特定的历史事件与某次日食在时间上是重叠的,那么,他们也就能够算出那个事件是在

① 杜·布瓦-雷蒙(Du Bois-Reymond,1818—1896):德国生理学家和物理学家,神经电活动的发现者之一,也是实验电生理学的创始人之一。——译者

哪天发生的。但是,必须事先已经确定与日食在时间上的巧合,而且除了日期之外,天文学不能报告任何其它的东西。

天文学把握到了任何一个现实的个别性吗?我们业已表明:尽管人们可以把量的规定性称作“个别的”,因为它们像任何一种规定性一样也属于个别性,但是,这种时间-空间上的个别性绝不等同于我们在历史学中所理解的现实的个别性。就天体整体上的特殊性而言,天文学中“个别的”时空数据甚至完全是普遍的。因为一类物体的任何一个样本,只要具有同样的量的规定性,就可以在同样的时空位置被找到,因此,它无需具有这样一种独特的、个别的质的特征:这些特征构成了它的个别性,而且对于一门个别化的科学来说可能是本质性的。然而,对于天文学来说,个别的质的规定性与个别的量的规定性的关系也完全是“偶然的”。而且,一般化科学任何可设想的进步,都不会填平量的个别性与质的个别性之间的这个鸿沟,因为一旦我们离开纯粹量的领域而转向质的现实,我们便从同质的连续性进到了异质的连续性,因而终止了从概念上充分把握对象的任何可能性。

因此,把数学物理学的建构归入现实的质的规定性的可能性,也丝毫没有——像人们所认为的那样[①]——改变我们的结论。诚然,心理物理学[②]所尝试的这种归类并不是随意的,但它绝不是通过使质的个别性与量的个别性精确地、完全地相符合来完成的,而这恰恰是问题的关键所在。在质的规定性当中,始终只有那进入

① 参见弗里什埃森・科勒:《科学与现实》,第 150 页以后。

② 心理物理学:实验心理学的分支学科,主要研究心理量与物理量之间的数量关系。——译者

一个普遍概念的东西，才被认为属于量的规定性。因此，间接地经由数学物理学，也绝不能借助于规律概念通达质的个别性本身。例如，如果我知道，一个具有特定高度因而具有特定质的声音，对应于一个特定的量，那么，我在这个声音上所关注的，就仅仅是那种常常重复出现的东西，也就是它与无数声音所共有的高度，而不是使这个声音成为一次性的、个别的现实之物的东西。任何一个现实的声音和任何一个现实的人一样，都仅仅是一次性的存在；任何一个单一的、现实的感性质，都不同于所有其它的感性质。人们难道会对此有任何怀疑吗？由于习惯于仅仅通过普遍概念进行思维，不关注现实之物的无关紧要的个别性，因而只考虑声音中可以由概念加以确定的高度，于是，人们就会忽略一个现实的声音是什么，从而相信它完全属于量的规定性。但这种思维习惯恰恰是我们要加以克服的。如果我们把其它现实的构成物看作“简单的”感性质，那么，其质的个别性的不可理解性便会马上显露出来。就各种声音而言，它们的个别差异无疑是非本质性的，但它们并没有因此而具有较少的现实性。它们连同其质的个别性没有进入任何自然科学的概念之中。因此，情况依然如故：质和量被一条鸿沟所分隔，未来的心理物理学也不会在二者之上架设任何桥梁。17 世纪的理性主义可能相信，任何“简单”而单纯的“广延”物体，都应当“对应于”一个同样简单的感觉，所以，人们可以更多地以几何学的方式处理现实。今天，我们终于明白了：诸多理性的“世界”都是一般化抽象的产物，因此，尽管它们毫无疑问在理论和实践上都是有价值的，但它们绝不等同于个别的现实。

由于这些理由，诉诸物理学和天文学乃至心理物理学，对于我

们的问题来说是毫无意义的。从同质之物到异质之物的移动，把我们带到了一种原则上无穷尽的多样性面前。这种移动始终是从非现实之物向现实之物的移动，并与从理性之物向非理性之物的移动相一致。我们只有省略掉那些无法量化的东西，才能从非理性的现实走向理性的概念。我们永远不能返回到个别的、质的现实，因为除了我们放进概念中的东西之外，我们绝不能从概念中取出更多的东西。我们为自己构建了一个纯粹量化的理想存在，其中的任何一点都是可掌控的；然后，我们又把这个概念的世界与个别的现实混为一谈，而在后者之中根本就不存在任何"点"。正因如此，才产生了这样的假象：仿佛一系列普遍性可以返回到个别之物。

这里还有必要提及另一个与此相关的反对意见，它涉及近来在哲学中常常被谈论的一条自然规律，即所谓的熵定律。按照这条定律，宇宙中必定要达到一种普遍的"热寂"，因为一切运动都逐渐转化为热，一切强度差都越来越趋向于平衡。这条定律显然是一种一般化的概念建构的产物，然而，它仿佛同时决定了一次性的"宇宙历史"——就这个词最广泛的意义而言——进程。甚至已经有人干脆把这个学说——按照这一学说，宇宙最终必定像一座没人拨动的钟表一样停摆——称为宇宙的发展规律。

毫无疑问，思考这一观点是否有根据，对于历史文化科学的方法来说没有任何意义，因为没有人会持有这样的主张：在为我们所知的这段人类历史中，可以看到这一规律的结果。但就逻辑的兴趣而言，表明下面一点仍然是重要的：即使在这里，那条普遍的原则也没有被打破，即自然科学的一般化的思维方式与历史学的思维方式必然是分裂的。为此目的,我们只需回想一下源自康德二律背反学说的若干思想,对于这些思想大家应当都不陌生。

如果熵定律真的是一条历史规律,而不仅仅是这样一个普遍概念:人们可以把物体世界的任何一部分作为类的样本纳入其中,那么,该定律必定适用于最严格意义上的一次性的宇宙整体,因为只有这样它才能够对这个历史整体的历史做出说明。但是,只要人们想一想那个唯一许可的物质的宇宙整体概念,就会发现这恰恰是不可能的。现实不仅在强度上是无穷尽的,而且在广度上也是无穷尽的。就是说,它的异质连续性不仅在微观上——如我们已经看到的那样——而且在宏观上都是没有任何界限的。所以,这样一条以有限的、可穷尽的量为前提的规律,是不能应用于宇宙整体的。一旦热寂的概念不再涉及能量的一个有限的量,它便会相应地立刻丧失自己的意义。

就热力学第一定律——按照这一定律,能量的总量是恒定的——而言,人们已经一再注意到了这一点。奇怪的是,有人偶尔还会从中得出这样的结论:现实必定是有限的。不过,这个结论又是基于下面这种不被允许的理性主义的做法:把实在与我们的概念混为一谈;或者基于这样的假定:现实就其内容上的规定性而言,也是以科学为准绳的。实际上,人们只能得出这样的结论:物理学的世界不是任何"特定的"现实;热力学第一定律和第二定律只有在下述意义上才能运用于宇宙整体:这个整体的任何一个部分都作为类的样本属于这个整体。但这样一来,这个部分同时就被认为是封闭的和有限的,因而就此而言原则上不同于宇宙整体。只要顺着这一思路去思考,就必然得出这样的结论:由于不能在时间中为现实设置任何起点，如果假定热量或动能是有限的，那么，热寂必定早就出现了；如果假定热量或动能“无限”大（假如这样说是有意义的话），那么，热寂就永远不会出现。

因此，假如熵定律是正确的，它也只对宇宙的任何一个被设想为封闭的部分有效。关于一次性过程，或者关于宇宙整体的历史，它没有告诉我们任何东西。所以，关于宇宙的任何一个现实部分的历史，其实它也没有借助于自然规律的必然性告诉我们任何东西，因为没有任何一个这样的部分真的是完全封闭的，以致有一天在它那里必定会出现停滞，就像一座无人拨动的钟表一样。不妨做出这样的设想：任何一个部分都与宇宙的另一个存在更大热量的部分处于因果联系之中，于是，通过这种联系它的热量又增加了，因此，就像一座被重新上了发条的钟表一样，它也不会停滞。由于宇宙原则上说是无限的，这一过程就能够无限地重复，结果，一个部分的历史便极有可能朝着与熵定律所表明的方向相反的方向伸展；或者，在这一历史中出现热量的上下波动，就像我们在为我们所知的宇宙的大多数部分中所实际看到的那样。

当然，这只不过是一些逻辑可能性，但它们足以表明问题的关键所在，即：根本没有这样的情况，其中普遍规律同时必然地规定了一个历史整体的一次性过程。关于宇宙整体的一次性过程和“宇宙历史”，熵定律也没有告诉我们任何东西。它所告诉我们的，仅仅是关于任何一个封闭部分的一些情况。于是，任何一个这样的部分都必须作为类的样本从属于普遍规律，而规律的意义恰恰是建立在这种普遍性之上的。像所有的自然规律一样，熵定律呈现出“假设”的形式：如果有一个封闭的物质整体，那么，其中必定

会到达热寂。但是，无论宇宙的物质整体还是任何一个历史整体，都不是绝对封闭的，因此，这个定律从历史的角度来说完全没有任何意义。

此外，有必要再一次指出：这些说明对于把经验科学分为一般化的自然科学和个别化的文化科学两大类来说不是本质性的。我们尽可以无限扩大文化的概念，把价值观点套用到文化的早期阶段以及其它空间性的条件上去，但我们无论如何绝不会达到这样一个历史整体的概念，其中，熵定律所表明的东西能够成为有历史意义的，即使我们假定这个整体是封闭的。这里本应被表明的，仍然仅仅是自然规律性与历史之间原则性的、普遍性的和逻辑上的分裂。

鉴于问题的关键是反对一种对于纯粹量的概念建构、进而对于数学的错误理解，我想用歌德的一段话结束这些说明。虽然他无疑不是系统的科学哲学家，但他对于什么是现实的这一点却有卓越的见解。里默尔[①]记录了歌德的下面一段话："一旦被运用于自己的领域即空间领域之外，数学公式就会成为僵硬的、无生命的东西，而且，这样的做法是非常不合时宜的。尽管世上流行着一种由数学家维持的幻想，即只有在数学中才能得救，但是，对于宇宙整体来说，数学和任何工具一样都是不充分的。因为任何工具都是特殊的，只能用于特殊之物。"

① 里默尔(Friedrich Wilhelm Riemer，1774—1845)：德国文学史家。——译者

十三　与文化价值无关的个别性

一种观点认为，可以把价值观点套用到这样一些现实上去：它们本身不是文化事件，却可能对历史文化发生影响，因而，它们通过自己的个别性而成为重要的。这种观点促使我们对前面提到的第二种反对意见做出回应。不借助文化价值，人们也能对一个现实加以个别化的处理吗？在回答这个问题之前，我们必须弄清这样一点：为了使我们的决定对于科学分类具有本质性意义，我们应当采取何种提问方式。

我们拥有源于前科学生活的词义，此外，我们还拥有科学概念，所以，我们当然能够通过对诸概念要素加以特定的组合，对任何一个现实做出一种只适合于它的描述，进而形成一个关于这个现实的具有个别内容的概念。这完全取决于我们的意愿。当然，只有在下面的情形下，我们才会这样做：一个特定的对象以某种方式令我们觉得“有趣”或“重要”，就是说，与价值相关。但毫无疑问的是：如果我们就是想这样做的话，我们也能够就其个别性对那些完全不关紧要的对象进行描述。在这种情况下，意志活动使得这个个别性成为“重要的”，并因而建立了价值联系。

因此，这种可能性是毋庸置疑的：即使没有与文化价值的联系，也能够进行个别化的描述。不过，单纯这一点对于科学分类还没有任何意义。因为这样一些个别的概念完全是随意地建构起来的，而且，在下述两种情况下均是如此。一种情况是：我们之所以对个别性做了描述，仅仅是因为我们想这样做；另一种情况是：我们并没有明确的意图，只是因为与我们所评价的价值有联系，关于相关对象的个别概念就出现了。每个人都是由于现实对他有实际意义，才会从其个别性方面去认识现实，这与科学的概念建构毫无关系。因此，只能这样来提问：是否可以设想对于一个对象的个别性进行这样一种科学描述：它不受普遍的文化价值观点的指导。

然而，这个问题还是不够明确。这里的科学描述应当仅仅被理解为这样的东西：它本身就能够达到科学的结论，因而绝不是为进一步的科学加工提供单纯的材料。我们从一开始就已经表明：在对科学进行逻辑划分的时候，必须撇开发现材料的过程。所以，必须在一种严格的逻辑意义上去理解这里的科学结论这个概念。有一些研究者有时满足于这样的结果：它们对于任何追求结论的科学工作而言，仅仅应当被看作需要进一步加工的材料。从一开始就已经明确的是：如果知识论把那些也可被视为纯粹材料搜集的东西与最终的科学建构相提并论，那么，这样的知识论是绝不能对科学做出系统划分的。

现在，如果我们再一次问：撇开与普遍的文化价值的联系，是否可能对于一个个别化的概念建构做出科学的结论，那么，答案一定是否定的。通过一些例子能很容易说明这一点。我们前面已经说过，对于地理学人们可能拿不准：它究竟属于自然科学，还是属于文化科学。所以，在人们实际从事这门学科的过程中，它通常表现为两种概念建构的混合物。但是，我们能够在概念上把它的组成部分截然分开。如果地球表面被看作文化发展的舞台，那么，文化的价值观点就影响到了文化的形成所必需的、对文化的发展过程有影响的地理条件，于是，由于与地球表面相关的文化科学的兴趣，地球表面就通过其个别性而成为本质性的。因此，在这种情况下，地理学的个别化的概念建构便是由普遍的文化价值引导的，至少和历史生物学一样适应我们的图式框架。其次，如果需要建构的普遍理论，不是人们所说的地理学的，而是地质学的，同样的对象也会成为重要的。人们在这里看到的就是一般化的概念建构；河流、海洋、山脉等等的个别构造，虽然因其独特性和个别性对于文化史而言是本质性的，在这里则仅仅被看作类的样本。此外，在地理学中还有对一些与文化毫无关系的部分所做的个别化描述，这些描述似乎不能被纳入我们的图式。

然而，只要这些描述与最宽泛意义上的历史学没有任何关系，或者与一般化的理论没有任何关系，那么，人们在它们那里便只能看到材料的搜集；人们之所以要搜集这些材料，是因为对这些事实的认定有一天有可能在历史学或自然科学中成为重要的。于是，搜集材料的意愿使相关的对象成为“重要的”并建立起价值联系，个别性因这种联系成为本质性的。但是，我们完全无意把这样的描述纳入科学分类——这种分类是按照科学的任务和目标进行的——之中。因此，这样的描述也没有危及到我们所说的方法论上的基本对立，因为这种对立关注的仅仅是研究的结论。

同样的情况适用于所有这样的描述：它们采用个别化的方法，尽管在此过程中它们的对象看起来与文化价值毫无关系。之所以会有这样的描述，是由于这样的情况：被描述的对象由于某些原因

特别引人注目，因而像所有引人注目的东西一样，引起了所有人的兴趣。这样就产生了价值联系，由此人们也明白了这样一点：起作用的是从其个别性方面认识一个对象的那种需要，虽然这个对象对于文化价值没有任何意义。不过，这种需要本身还不是完整的科学。只要缺乏与自然科学理论的任何联系，这样纯粹事实性的知识根本不能被算作科学。

例如月球就属于这样的对象：它们的个别性使我们感兴趣，尽管它们没有文化意义。因此，在对科学进行逻辑分类的时候，可以把对月球的描述作为例子加以使用，但是必须谨慎行事。在某些方面，月球可以被看作用来形成普遍天体理论的材料，因为不仅这颗行星有月球，而且其它行星也有月球。但是，事实上人们也常常在其个别性方面描述月球，那时，这种描述是不带文化科学观点的。要么这种描述源于对我们这颗“美好月亮”——它作为个体在大多数人的生活中“发挥着作用”——的兴趣，而这样一来，这种兴趣以及由此产生的价值联系又是非科学的。要么这种描述——正如在详细的月面图和某些地理描述中那样——只是有待进一步概念加工的科学材料，使月球的个别性变得重要的不过是进行这种加工的意图。这样，我们就知道了为什么这样的描述不能被纳入我们所说的两类科学中的任何一类。

这些例子应该足以说明这条重要原则。这其实是一个人人皆知的道理：如果对象不重要或者无趣，因而与价值毫无关系，那么，人们是不会关心它们的个别性的。只有在普遍价值或文化价值的指导之下，个别化的描述才能被称作科学的描述。如果没有这样的普遍价值，那些对象便只是作为类的样本才具有一种科学意义。

通过将来进行科学加工这个意图，价值联系的确可以被建立起来，因而可以产生一种个别化的描述。然而，如果缺乏与普遍文化价值的任何联系，这种描述只能被看作材料搜集。单纯的事实认定本身还不是科学。

如果有人觉得这个科学概念太窄了，那么，他们可以考虑一下：如果没有一个剔除了纯粹准备工作和材料搜集的概念，那么，一种得到系统划分的知识论是根本不可能的。不错，科学生活本身就是历史生活。考虑到它的全部多样性，科学生活——正是按照我们的理论——是不能完全进入任何普遍概念的体系之中的。例如，很多人对北极的形态抱有特殊的兴趣。这种兴趣是科学的吗？对于大多数人来说肯定不是。极地的个别形态是不是仅仅作为形成普遍理论的材料才受到科学家的关注呢？逻辑学本身不研究这样的问题，因此，这种类型的例子也不应被用作逻辑论据。它们缺乏普遍的、典型的意义，正是这种意义才使对它们的讨论具有方法论方面的成效。一种旨在建构一个体系的科学理论，只能期望：它能够对科学的主要的和基本的形式进行分类。

但是，即使有人不愿承认偶尔出现的一些个别化描述——没有证据表明它们是在一种普遍的价值观点指导下进行的——仅仅是准备工作，这些例外情况也没有驳倒这样一种尝试，它从一开始就已经表明：它为了定位所画的那些线条，正如地理学家为了在我们地球上定位所画的那些线条一样，很少能够与现实完全相符。这些线条并没有因此完全丧失它们的价值。特别是这个或那个偶然的例外情况，丝毫没有改变这样的事实：就对经验科学工作两大基本趋势所做的刻画而言，与流行的自然科学和精神科学的对照相比，一般化的自然科学和个别化的文化科学这两个概念，无论在**逻辑上**还是**事实上**都要深刻得多。自从“精神”一词丧失其确切含义以来，自然科学与精神科学的对照已经变得毫无意义。鉴于这种尝试必须放弃对细节问题进行更为深入的逻辑讨论，所以，不能指望本书在这方面走得更远了。

十四　文化历史学的客观性

在前面提到的各种反对意见中，现在只剩下一种了。这种反对意见涉及通过历史学对文化进行“客观”描述这个概念，并最终引向了一个迄今一直被有意拖延的问题。我必须触及这个问题，因为对很多人来说，对于这个问题的回答可能对确定自然科学和文化科学的关系具有决定性意义。此外，对于这个问题的探讨，有望对文化科学这个术语做进一步辩护。

如果是价值引导着历史材料的选择，进而引导着一切历史的概念建构，那么，人们就可能并且一定会提出这样的问题：随意性永久性地被排除在历史科学之外了吗？不错，只要诸专门研究能够依据对其指导性价值的事实上的普遍承认，并且严格遵循理论的价值关系，那么，这些研究的客观性就不会受到危及。不过，有一点是不容忽视的：事实上这是一种特殊类型的客观性，似乎尤其不能与普遍化的自然科学的客观性相提并论。一种与价值相关的描述始终仅适用于有限的人群，他们即使不直接对起指导作用的价值进行评价，也会把这些价值作为价值加以理解，并且同时承认：这里涉及的不仅仅是纯粹个人的评价。对于更为广泛的人群来说，这种一致也是有望达到的。在欧洲，当人们通常阅读历史科学的著作时，他们无疑会把上述与宗教、教会、法律、国家、科学、语言、文学、艺术、经济组织等相关的文化价值作为价值来理解，因而不会把它们看作随意性的，只要这些价值引导着对于本质之物的选择，从而把历史学描述限制在这样的对象之上：它们从价值的观点来看是重要的或有意义的。但是，倘若一种与价值相关的描述的客观性，始终仅仅对一个或大或小的文化人群体来说才存在，那么，它就是一种有历史局限的客观性。从特殊科学的观点来看，这一点或许无关紧要，但若从普遍的哲学观点和自然科学观点来看，人们极有可能从中发现一种科学上的缺陷。如果一个人原则上只满足于文化价值在事实上得到普遍承认，而不以某种方式过问这些价值的有效性，那么，他必定会认为下面的情况是可能的，如果他恰好是一个历史学家，他甚至必定会认为下面的情况很有可能：历史科学的基础是怎样形成的，它就将怎样消失。这样，那些区分本质之物与非本质之物的历史描述就获得了一种特征，这种特征使得把那些描述叫作“真理”的做法显得令人怀疑。一个科学真理必须与在理论上有效的东西（即使这一点没有被意识到）有某种关联，就是说，必须或多或少接近这样的东西。缺少了这个前提，谈论真理便不再有任何意义了。如果人们完全不顾及引导着历史描述的那些文化价值的有效性，那么，历史学中便只有纯粹事实性的东西才能被看作真实的了。如此一来，所有历史概念便只对一个特定时间有效，就是说，它们根本不能被看作真理，因为它们与绝对地或者永远有效的东西没有任何确定的关系。

诚然，一代研究者所形成的一般化的自然科学概念，会被下一代所修正乃至完全废弃，而下一代也必须容忍这样的事实：他人会用新的概念替代他们的概念。因此，历史学注定要被一再重新书写,这一点并没有构成对历史学的科学性的反驳,因为这是一切科学的共同命运。然而,关于自然规律,我们还是相信它们是绝对有效的,即使我们可能对其一无所知。于是,我们就可以假定:一般化科学的各种概念或多或少接近于一种绝对有效的真理,相反,历史学描述却与绝对真理毫不相干,只要其概念建构的指导原则仅仅是实际评价的价值,而这些价值就像海浪一样变化无常。因此,除了纯粹的事实以外,有多少不同的文化领域,就有多少不同的历史真理,而且,就对本质之物的选择而言,其中的每一个真理都同样地有效或无效。如此一来,一种历史科学进步的可能性,甚至历史真理这个概念——只要它不限于单纯事实性的东西——似乎就被完全取消了。那么,是不是我们一定不能假定超历史价值——这些价值至少与得到实际承认的文化价值有或远或近的关系——的有效性呢?是不是历史学的客观性因此就不能与自然科学的客观性相提并论了呢?

如果人们考虑到这样的尝试:把历史学专门研究的成果,整合为一个统一的整体,从而形成一门严格意义上的普遍历史学,旨在描述全人类的发展,那么,这里涉及的深层问题就显而易见了。仅仅满足于对价值的实际承认的人类历史学,始终是从一个特殊文化领域的观点出发被书写的,因而绝不是在下述意义上对所有人有效或者被所有人所理解,即:所有人都在其指导性价值方面达成共识。所以,没有任何具有经验客观性的"世界历史学",因为这样一部历史学必须不仅论及人类的一切已知的内容,而且要把所有人公认的本质之物纳入自身之中,而这是它所做不到的。从普遍历史的观点来看,历史学家不再拥有任何经验上普遍性的、事实上被普遍承认的文化价值。因此，普遍历史学只应依照下述指导性价值来书写：它们所具有的有效性原则上超出了单纯事实上的承认。这不意味着普遍历史学家需要某种内容精确的价值体系，而这个体系的有效性是他自己能够确立的。但他必须假定：某些价值是绝对有效的，因而，作为其与价值性相关的描述之基础的那些价值，并非与绝对有效之物没有任何关系，因为只有那样他才能指望其他人承认：他将之当作本质之物纳入自己的描述之中的东西，对于绝对有效的东西也是有意义的。

最后，还有另外一个问题与文化价值的有效性问题密切相关。我已经指出，自然科学——特别是就其作为研究物体的科学而言——在力学中有其牢固的基础，相反，文化科学则缺少统一性和系统的分类。我们也已经看到，心理学不能充当文化科学的基础。那么，难道就没有其它的东西能够替代心理学吗？

从某些方面看，我们必须对这个问题做出否定的回答，因为只有下面这些科学才可能有像力学那样的基础学科：它们用一般化的或自然科学的方法处理问题，并且它们的全部领域都被纳入一个由相互关联的概念构成的体系之中。因此，如果一门最普遍的科学像物体科学中的力学那样，以上述方式对不同领域的概念建构都具有实质性意义，那么，这门科学就成为了“基础”科学。但是，历史生活恰恰不能被纳入一个体系之中，因此，只要文化科学用历史的方法处理问题，它们也就不能设想有任何像力学那样的基础科学。不过，尽管如此，正如我所相信的那样，文化科学并没有因此完全丧失这样的可能性：随着时间的推移，它们愈来愈结合为一个统一的整体。文化概念规定着文化科学的对象，而且，就其采用历史的方法而言，文化概念为这些科学提供了概念建构的指导原则，并且最终还可以为这些科学建立起统一的关联。当然，这需要一个前提条件：我们要有这样一个文化概念，它不仅在形式上涵盖了实际上被普遍承认的所有价值，而且同时兼顾到这些价值的内容和系统关联。然而，这样一个文化价值体系是根本不能在经验上得到普遍承认的。这样，我们又一次来到了文化价值的有效性问题：撇开对这些价值的实际评价不谈，这种有效性是这些价值所应有的。

因此，历史学的客观性问题、普遍历史学的概念，以及经验文化科学体系的概念，所有这些都引导我们超出了实际评价的经验所与物。事实上，即使我们对作为价值发挥作用的东西还没有形成确定的认识，我们仍必须假定客观价值的有效性，以及我们至少能够日益接近这种认识的可能性。就其客观性、普遍性和系统关联而言，文化科学中原则性的进步，取决于在客观的、被系统划分的文化概念的形成方面所取得的进步，就是说，取决于向一种以有效的价值体系为基础的价值意识的接近。简而言之，文化科学的统一性和客观性取决于我们的文化概念的统一性和客观性，而文化概念的统一性和客观性又取决于我们所评价的那些价值的统一性和客观性。

我十分清楚，由于得出了这个结论，我根本不能指望会得到普遍同意。的确，如果结论真的是这样，那么，人们就会认为，正是这个结论再清楚不过地表明了系统地完成文化科学任务的可疑性质。因为尽管对于价值问题的意义的理解有了极大的提升，当下普遍流行的几乎还是这样的信念：那些超出了主观价值有效性的陈述仍然不能与科学性相匹配,因为它们不是被客观地建立起来的。因此,有必要再一次强调:为本质之物的选择提供指导观点的文化价值,丝毫不会危及一门专门历史研究的客观性,因为历史学家可以像依据事实那样依据对于价值的普遍承认,借此达到一门经验科学可能达到的最高程度的经验客观性。然而,一旦超出了专门研究的范围,事实上还是会出现一些困难。人们可能会问:如果全部文化科学的划分和关联均依赖于一个文化价值体系,这是否意味着这些科学基于一个个别愿望和意见的混合体?

我不能指望对于这些疑虑给出一个简要的并且在各方面都令人满意的答复,因为科学与价值有效性和系统性的关系包含着一些困难的问题[①],这些问题远远超出了经验科学的分类问题。不过,我还是要表明:如果人们要求文化科学具有超出纯粹经验意义的"客观性",需要什么样的必要前提。我们的文化财富或多或少实现的那种无条件地普遍有效的价值,必须与一般化的科学所寻求的那种无条件地普遍有效的自然规律相当;这样,至少我们所面临的两种可能的选择能够得以澄清。

如果有人要致力于最高意义上的文化科学,因此要证明对于本质之物的选择是绝对有效的,那么,他就必须意识到指导自己的那些文化价值,并把这些价值建立起来。按照无根据的价值假定

① 拙著《认识的对象》(1892年第一版,1915年第三版)包含了对下述信念进行认识论奠基的尝试。我相信在那里已经表明:从纯粹逻辑的理由看来,必须假定一些客观有效的或者"超验的"价值。另请参见我的正在印刷中的著作《哲学的普遍基础》(Allgemeine Grundlegung der Philosophie)。作为"哲学体系"的第一部分,这本书有望不久即可面世。

所做的工作实际上是与科学相背离的。因此，从普遍历史的观点——按照这种观点，一切历史的个别描述，都必须被纳入到一个由一切文化发展的全部历史所构成的统一整体之中——来看，根本不存在没有历史哲学[①]的历史科学。

与此相反，如果人们在进行科学思考的时候不考虑任何价值有效性，认为文化世界并不比任何其它事件具有更多的意义，那

① 鉴于本书限于经验科学的分类，所以，在此不能进一步讨论这门哲学学科的概念和方法。有关历史的哲学探讨，我必须提请读者参阅我的一篇关于历史哲学的纲领性论文(《库诺·费舍纪念文集》，1907 年第二版)。对于那些批判性的反对意见，我在这里只想说：我不是单纯从一种历史逻辑的角度去看待历史哲学的任务的，因此，不应把我看作纯粹“形式的”历史哲学的辩护者。恩斯特·特洛尔奇此前已经以可敬的方式深入研究了我的历史哲学观点[《近代历史哲学》(*Moderne Geschichtsphilosophie*)、《神学评论》(Theologische Rundschau)1904 年第六期和《全集》(*Gesammelte Schriften*)1913 年第二卷]，最近，又对我的著作进行了详尽的、有教益的批评[《论判断历史事物的标准》(Ueber Massstaebe zur Beurteilung historischer Dinge)1916 年版、《论历史辩证法的概念——文德尔班、李凯尔特和黑格尔》(Ueber den Begriff einer historischen Dialektik. Windelband, Rickert und Hegel)1919 年版和《史学杂志》(Historische Zeitschrift)第三期第 23 卷]。不过，在涉及我的历史哲学的地方，我认为这些阐述有些片面。不错，在历史逻辑中我把形式的历史观点放在了前面，但我并没有怀疑“历史生活的具体特色”，也没有否定一种实在的历史哲学。毋宁说，我试图详尽地表明(《自然科学概念建构的界限》，第二版，第 493—526 页)：历史方法的形式结构是如何与“历史文化生活的实在的特色”必然地联系在一起的。对我的历史哲学的批评，肯定和我在那里发展起来的历史中心这个概念有关。在我看来，原有意义上的历史形而上学当然不能算作科学，但我仍然认为：除了感性世界的经验实在和非实在的、有效的价值之外，有必要假定一个第三领域。特洛尔奇对一种实在的历史哲学所提出的一切合理要求，都可以根据我的宇宙概念得到满足。正如特洛尔奇本人所知道的那样，当下流行的信念——即应当有一个超感性的世界，我们需要形而上学——是远远不够的。只有当形而上学领域从概念上得到严格规定的时候，我们才能在科学上有所进步。历史形而上学需要时间性的、真实的存在。一个超感性的世界可以被理解为时间性的吗？为了超出感性世界，除了那条穿越非时间性的价值有效性的道路之外，还有其它道路可走吗？没有一种价值哲学，形而上学的目标可以达到吗？不正是因为没有反思文化生活的价值，我们才会陷于“形式的东西”之中吗？

么，从哲学和自然科学观点来看，我们一定会觉得人类发展——这种发展仅存在于一个相对稳定的人性的那些相对细微的差别中——的那些鲜为人知的世纪都是非本质性的，就像公路上的石子或者麦田里的麦穗之间的差别是非本质性的一样。我们之所以不这样看世界，只是因为我们仅限于对一个有限的文化范围做短暂的评价。因此，根本不存在这样的历史科学：它超出了对特定文化范围所做的专门研究。人们至少应当弄明白这两种可能的选择。

不过，我想再强调一点。当我在这里谈论两种可能的选择中的一种选择时，并不意味着：仿佛科学家可以把第二种与价值无关的观点作为纯粹自然科学的观点接受下来，并且将之扩展为一种可行的自然科学"世界观"，这种"世界观"以其较大的无前设性(Voraussetzungslosigkeit)明显地不同于文化科学的观点，因为它不太需要设定任何价值标准的有效性。虽然自然主义相信这一点是可能的，但这不过是自欺欺人而已。当然，从自然科学的观点来看，全部现实以及整个文化都可以被看作自然，而且，在这样一种观察范围内，对任何价值观点的悬置不仅是可能的，而且是必然的。但是，这种观点可以被看作唯一合理的哲学观点，以致由此观点出发把任何历史的概念建构都看作随意性的吗？恰恰相反，这没有表明在自然科学中不考虑任何价值有效性恰恰是对自然科学专门研究的一种原则性限制吗？因此，用哲学中一种普遍观点对之加以补充不是一种必然的要求吗？

我相信有这样一门历史学，就它而言，甚至自然科学也一定会承认：我们所制定的逻辑的处理原则的确是科学的，并且同意：这里所涉及的远远不止是对随意抓取的事实所做的一种随意的安排,这种安排只对那些就一个历史文化领域进行评价的人有效。这门历史学不是别的,正是自然科学本身的历史学。自然科学也是一种历史文化产物。自然科学作为专门科学可能会忽略这一点。但是,如果它的目光不仅指向自然物体,而且指向它自身,那么,自然科学能够否认自己是以上述意义上的历史发展——必须根据一种具有客观有效性的价值标准的观点,就是说,按照科学真理的理论价值的观点,对这一发展的一次性的、个别的进程进行研究,因为:为了区分出哪些事件对于自然科学历史学来说是本质性的东西,我们必须把这些事件与上述理论价值联系起来——为前提的吗?但是,如果自然科学承认:一门这种意义上的历史科学适合于文化发展的这个部分,那么,关于其它部分的历史学就不能被看作科学吗?人类仅仅在自然科学领域才获得了具有有效价值的文化财富吗?不考虑任何价值有效性的自然科学,缺少用以裁决这一问题的任何观点。所以,在争取对事物进行历史理解的斗争中,在争取历史学的权利的斗争中,我们对自然科学没有什么可畏惧的。毋宁说,历史文化科学的观点从根本上高于自然科学的观点,因为与自然科学的观点相比,它要广泛得多。不仅自然科学是文化人的一种历史产物,而且从逻辑的或形式的意义上看,"自然"本身也不过是一种理论的文化财富,一种由人的理智对现实所做的有效的亦即有客观价值的理解。正是自然科学必须始终以相关价值的绝对有效性为前提。

当然,还有另外一种"观点",人们也许会把它叫作"哲学的"观点,并且相信:这种观点绝对不以任何东西为前提。尼采曾经虚构

过一个小寓言，据说它说明了“在自然中间，人的理智看起来是多么可怜，多么虚幻而短暂，多么徒劳而任性”。这个寓言的内容是这样的：“在那个散布着无数闪光的太阳系的宇宙的某个偏僻角落里，曾经有过一个星球，聪明的动物们在上面发明了认识。那是‘世界历史’最为傲慢和虚假的瞬间，但也仅仅是一个瞬间而已。在大自然喘了几口气之后，这颗星球就冷却了，那些聪明的动物们注定要死亡。”于是，有人就会认为，幸亏我们像科学家一样明智，没有承认任何价值的有效性。

如果有人愿意，那么，他的确可以说这种观点是连贯的。但这种连贯性取消了任何科学的客观性，因而在同样的程度上取消了文化科学和自然科学的客观性。而且，因为这种“观点”只有经过一个漫长的自然科学和文化科学的发展过程才能达到，所以，它本身也不过是世界历史那个“最为虚假的瞬间”的一部分，因而，它的“连贯性”同时就是最大的不连贯性，或者是科学家试图越过自己影子的徒劳之举。恰恰是科学家必须假定理论价值的绝对有效性，如果他不想停止做一个科学家的话。

历史学为了把有意义的东西与无意义的东西分开，就需要与文化价值发生关系。如果因为这个原因就否认历史学的科学性，那么，这种做法看起来不过是一种空洞的、消极的独断论。毋宁说，任何一个致力于科学的人，都暗中预设了他所由之出的那种文化生活的并非个别的意义。要把理智发展的一个个别系列，比如被我们称作自然科学的那个部分，从整个文化发展中分离出来，并且认为就理论价值而言只有这个部分才具有客观意义，这乃是最大的专断。因此，不能把对于一个广泛的客观文化价值系统的思考看作一个毫无意义的任务。

当然，任何一种哲学都不能从纯粹概念中把这样一个系统建构起来。毋宁说，为了自己内容上的规定性，哲学需要与历史文化科学本身建立最为紧密的联系，而且，它只能期望在历史的东西中接近超历史的东西。就是说，一个对有效性有所要求的文化价值系统，只能通过历史生活才能被发现，并且只能通过提出下述问题的方式从这种生活中被逐渐地建立起来：何种普遍的、形式上的价值构成了历史文化生活的内容上的、不断变换的多样性的基础？我们大家所要保持和促进的那些文化的价值前提究竟何在？然而，要对这一哲学性质的工作的本质做进一步探讨，将远远超出我们对经验科学进行分类的尝试。所以，这里应当仅限于指出一个目标。[①]

在对经验科学进行分类的时候，我们可以限于文化科学的经验的客观性。关于这种客观性，只要记住下面一点就够了：我们其实都相信一些客观的价值，它们的有效性不仅构成了哲学追求的前提，而且构成了文化科学工作本身的前提，尽管在科学潮流的影响之下我们也许不愿意这样做。因为“没有一个超越自己的理想，人——就这个字的精神含义而言——就不能阔步前行”。但是，构成这一理想的那些价值“被发现了，它们就像天上的星星一样随着

① 对于这个问题的进一步探讨，参见我的下述论文：《论哲学的概念》(Vom Begriff der Philosophie, 1910)和《论价值系统》(Vom System der Werte, 1913)，载《逻各斯：国际文化哲学杂志》，第1卷和第4卷。此外，还可参见拙著《生命哲学：对我们这个时代哲学潮流的阐述与批评》(Die Philosophie des Lebens. Darstellung und Kritik der philosophischen Modestroemungen unserer Zeit, 1920)，以及前面提到的我那部正在印刷中的《哲学体系》的第一部分。

文化进步逐渐进入了人的视野。它们既不是旧价值，也不是新价值，它们就是那些价值”。没有人会假设“哲学批判主义”的作者陷入非科学的幻想，所以，我更愿意引用里尔这些美丽的字眼①。当我们致力于科学的时候，为了能够在精神的意义上阔步前行，我们是需要价值的。难道我们应当漠视这些价值吗？我想任何一个有理智的人都不会向我们提出这样的要求。

① “弗里德里希·尼采”（Friedrich Nietzsche），载《弗罗曼斯经典哲学家》（Frommanns Klassiker der Philosophie），1897 年第三版，第六卷，第 170 页。

译后记

1883年，狄尔泰的代表作《精神科学导论》第一卷问世。此后，围绕着科学分类问题在德国展开了一场论战。首先向狄尔泰发起攻势的是新康德主义巴登学派的文德尔班。在1894年所做的题为“历史学与自然科学”的著名演讲中，文德尔班对狄尔泰根据主题的不同区分自然科学与精神科学的做法提出了批评，并在此基础上提出了自己的“形式分类法”。继文德尔班之后，巴登学派的另一代表人物李凯尔特也在《文化科学与自然科学》一书中对狄尔泰的精神科学理论提出了批评，主张用“历史文化科学”取代狄尔泰等人的“精神科学”。

近30年以前，我在张世英先生的指导下，准备做狄尔泰哲学方面的博士论文，李凯尔特这本书是“必读书目”之一，当时读的是涂纪亮先生的中译本。多年以后，当商务印书馆的陈小文博士嘱我重译这本书时，我感到了一种老友重逢的喜悦。本书根据图宾根摩尔出版社1921年出版的第四和第五修订版译出，并补译了“前言”以及“第六版和第七版前言”。在翻译过程中参考、借鉴了涂纪亮先生的译本，在此表示衷心的感谢！

商务印书馆的陈小文博士和关群德博士为本书的出版付出了

辛勤的劳动。“北京大学外国哲学研究所”为本书的翻译提供了经费资助。谨表谢意！

李超杰

2019年6月于徜徉集

图书在版编目(CIP)数据

文化科学与自然科学/(德)李凯尔特著;李超杰译. —北京:商务印书馆,2024
(汉译世界学术名著丛书:120年纪念版:珍藏本:增订本)
ISBN 978-7-100-23705-5

Ⅰ.①文… Ⅱ.①李…②李… Ⅲ.①文化哲学②科学哲学 Ⅳ.①G02②N02

中国国家版本馆CIP数据核字(2024)第076184号

汉译世界学术名著丛书
(120年纪念版·珍藏本·增订本)
文化科学与自然科学
〔德〕H.李凯尔特 著
李超杰 译

商务印书馆出版
(北京王府井大街36号 邮政编码100710)
商务印书馆发行
北京通州皇家印刷厂印刷
ISBN 978-7-100-23705-5

2024年5月第1版 开本 710×1000 1/16
2024年5月北京第1次印刷 印张 10½
定价:58.00元